教育部人文社会科学研究一般项目
"农业经营主体演进与创新机制研究"（17YJC790137）资助

NONGHU GUIMO

YANHUA JIZHI YU LUJING YANJIU:

XIAONONGHU RONGRU XIANDAI NONGYE DE XINSHIJIAO

农户规模
演化机制与路径研究：
小农户融入现代农业的新视角

谭亭亭　著

中国财经出版传媒集团

经济科学出版社

Economic Science Press

图书在版编目（CIP）数据

农户规模演化机制与路径研究：小农户融入现代农业的新视角/谭亭亭著 . -- 北京：经济科学出版社，2022.7

ISBN 978 - 7 - 5218 - 3897 - 8

Ⅰ.①农…　Ⅱ.①谭…　Ⅲ.①农户 - 经营管理 - 研究 - 中国　Ⅳ.①F325.15

中国版本图书馆 CIP 数据核字（2022）第 136421 号

责任编辑：李　雪
责任校对：徐　昕
责任印制：王世伟

农户规模演化机制与路径研究
——小农户融入现代农业的新视角

谭亭亭　著

经济科学出版社出版、发行　新华书店经销
社址：北京市海淀区阜成路甲 28 号　邮编：100142
总编部电话：010 - 88191217　发行部电话：010 - 88191522
网址：www. esp. com. cn
电子邮箱：esp@ esp. com. cn
天猫网店：经济科学出版社旗舰店
网址：http：//jjkxcbs. tmall. com
北京季蜂印刷有限公司印装
710 × 1000　16 开　14.75 印张　210000 字
2022 年 8 月第 1 版　2022 年 8 月第 1 次印刷
ISBN 978 - 7 - 5218 - 3897 - 8　定价：74.00 元
（图书出现印装问题，本社负责调换。电话：010 - 88191510）
（版权所有　侵权必究　打击盗版　举报热线：010 - 88191661
QQ：2242791300　营销中心电话：010 - 88191537
电子邮箱：dbts@ esp. com. cn）

前　言

分工源于人们互通有无的愿望，市场规模决定分工程度，分工深化同时又促进市场规模的扩大。改革开放以来，中国农业经济发展取得了前所未有的成就，农业市场规模不断扩大，但对于市场规模扩大的根本诱因——农业分工却一直没有引起足够的重视，由于农业生产的季节性、产品的易腐性等特点，农业分工存在天然的内生障碍，农业分工有限性的论断长期以来占据了理论研究的上风。但世界范围内现代农业通过分工深化，改善农业经营效率的实践说明，通过分工深化和市场发展，改善中国农业经营效率仍不失可能性。

基于我国农业发展的特点，家庭农户在未来相当长一段时间内都将是农业经营的主体，因此，农业分工对农业经营效率的改善在微观上主要表现在农户经营效率的提高上。然而，尽管已有研究注意到了分工深化对农业发展的积极作用，研究视角涵盖农业分工的产生、演进和分工的经济效果；却鲜有研究从动态视角把握市场发展、分工演进与微观家庭农户的分工决策三者之间的关系。原因之一便是农业生产的分工演进是一个漫长的过程，而且不同产业、不同生产特性的生产分工都存在较大差异，从动态视角的分析必然要求研究者对产业发展有一个长期的跟踪研究。

作为一个从农村出身的农经研究者，笔者亲历了从 20 世纪 80 年代以来家乡经济的一路崛起，这其中，与笔者，与家乡父老息息相关的当属当地的特色产业：特种动物养殖产业发生的巨大变迁。一方面，养殖模式实现了从庭院养殖到养殖场养殖再到现代规模化养殖的过渡；另一方面，户均养殖规模也实现了从十几只到几十只再到几千只的突破。而这种变迁背后，正是农业分工从萌芽到发展再到深化的飞跃。正是基于对家乡的特殊情感和对产业发展的深度体感，让笔者有机会以此为研究对象深入考察农业分工深化对农户生产决策的内在逻辑，并验证在农业生产中农业分工与农业规模演化之间的动态关系。

本研究包括三个部分：第一部分从理论层面梳理了农业分工深化与农业规模演化的理论逻辑；第二部分从宏观角度分析农业分工与农户规模演化的机制；第三部分从微观角度分析分工深化与农户规模演化的机制。

研究结论发现：在宏观层面，农户可以通过参与社会分工改善农业经营效率，促进农户规模化演进，且不同区域农户参与社会分工改善经营效率的方式存在差异：东部和中部地区主要通过社会化服务水平的提升改善经营效率，中部地区则主要通过迂回生产程度的提高改善经营效率。为微观层面，研究以特种动物养殖产业为发展背景，基于深入的调查数据和访谈资料，从静态和动态视角分别验证了农户的分工决策与农户规模演进的互动机制，研究形成了"分工产生—农户参与—效率提升—规模调整—分工深化"的逻辑闭环。

基于以上分析，本研究认为通过以下制度供给，或可提高农户参与分工的积极性：第一，通过校企合作、构建技术交流平台等促进农业社会化服务体系的完善；第二，通过农业保险和农业贷款双重渠道减少农业经营风险；第三，通过对土地要素的合理规划、统筹布局鼓励农户的长期投资。

谭亭亭
2022 年 6 月

目　　录

第1篇　分工深化与农户规模演化的理论基础

第4篇 结论与启示

引　言

0.1　问题的提出

农业现代化进程，直接关系到社会主义现代化目标的进度和质量。农业现代化是"四化"同步发展的突出短板，没有农业现代化，就没有整个国家的现代化。而在农业内部，小农户仍然是现阶段乃至今后相当长时期内农业经营的主体。2017 年，党的十九大报告明确提出小农户与现代农业实现有机衔接，这是农业高质量发展的必然要求，也是新发展理念的重要体现。

中华人民共和国成立 70 多年以来，中国政府一直都非常重视"小农户"的困境，并不断致力于"小农户问题"的解决。为改善小规模家庭经营的效率损失，1984 年中央"一号文件"（中共中央关于一九八四年农村工作的通知）第一次提出鼓励土地逐步向种田能手集中，由此开启了以农地流转为核心的农业规模经营进程。农地流转一方面可以通过市场体现土地的真实投资价值，提高农民的投资积极性（Besley，1995）；另一方面则通过优化农户之间的资源配置，提高农业生产的经济效率（姚洋，2000）。可是，地权的不稳定性以及对土地交易权的限制，极大地限制了农业规模经营的进程，对土地产出率具有显著的负面影响（姚洋，1999a）。基于以上原因，中央政府为鼓励和支持农村土地经营权流转，先后出台了一系列稳定地权的政策，为农村土地承包经营权流转提供制度保障（如表0-1所示）。

表0-1　　　　　　　中共中央关于稳定地权的政府文件

内容	文件	文件号
延长土地承包期至15年，鼓励土地逐步向种田能手集中	中共中央关于一九八四年农村工作的通知	中发（1984）1号
延长土地承包期至30年，在承包期内，允许农民在不改变土地用途和性质前提下自愿、有偿转让	中共中央、国务院关于当前农业和农村经济发展的若干政策措施	中发（1993）11号
建立健全土地承包经营权流转市场，按照依法自愿有偿的原则，允许农民以转包、出租、互换、转让、股份合作等形式流转土地承包经营权，发展多种形式的适度规模经营	中共中央关于推进农村改革发展若干重大问题的决定	2008年10月12日中国共产党第十七届中央委员会第三次全体会议通过
保持现有土地承包关系长久不变，按照依法自愿有偿的原则，引导农村土地承包经营权有序流转，鼓励和支持承包土地向专业大户、家庭农场、农民专业合作社流转，发展多种形式适度规模经营；开展农村土地承包经营权确权登记试点，妥善解决承包地块面积不准、四至不清等问题，赋予农民更加充分而有保障的土地承包经营权	中共中央、国务院关于加快发展现代农业进一步增强农村发展活力的若干意见	中发（2013）1号
在坚持和完善耕地保护制度前提下，赋予农民对承包地占有、使用、收益、流转及承包经营权抵押、担保权能；在尊重农民意愿的前提下，鼓励农户承包土地经营权流转	关于全面深化农村改革加快推进农业现代化的若干意见	中发（2014）1号
对土地等资源性资产，重点是抓紧抓实土地承包经营权确权登记颁证工作，扩大整省推进试点范围，总体上要确地到户，从严掌握确权确股不确地的范围	关于加大改革创新力度加快农业现代化建设的若干意见	中发（2015）1号

资料来源：历年中央"一号文件"及政府文件。

　　尽管政府对于土地规模经营在政策上给予了相当的支持，但从早期的经验证据来看，农村土地承包经营权流转的高潮并没有随着政策的强化而到来（钱忠好，2003）。总体来看，农村土地流转率偏低（姚洋，1999b），土地流转市场不活跃（Kung，2002；张红宇，2002），限制了农村经济社会的持续发展。

　　有学者试图借鉴新制度经济学分析范式对中国农村土地流转的困境进行解释（贾燕兵，2013），主要观点包括：高交易成本和政府的限制是有效的土地流转市场难以出现的主要障碍（罗思高等，2006；Janvry et al.，1991）；农户为了租入更多、更大规模的土地，需要面对众多交易对象，面临大的交易费用，从而抑制了农户的土地流转需求（Dong，1996）；信息不灵、交易费用高，是一部分有流转愿望的农户最终没有进行流转的根本原因（钱文荣，2003；Lynch & Lovell，2003）。也有学者认为土地要素兼具物质生产和社会保障双重功能，土地集中过程中，农民对土地的稳定感丧失、为获得规模化经营权利而出现的寻租以及村集体在规模经营推行过程中的机会主义行为，都可能阻碍土地要素集中的进程（罗伊·普洛斯特曼、李平等，1996；邹伟、吴群，2006）。因此，在农业劳动力无法实现有效转移的情况下，土地的大规模集中在今后相当长时间内都不可能实现。

　　随着土地规模经营的制度性瓶颈和现实瓶颈愈来愈明显，学者们开始探索农业规模经营的外延扩展。李相宏（2003）认为，可以通过不同的模式，实现土地要素集中的规模生产，包括：土地集中型、契约型或订单型和市场激励型或集聚型等多种形式，单纯的土地规模扩张，是农业规模经营的实现方式之一。除此之外，农业合作社、农业产业化经营和土地股份制都可以成为农业规模经营的实现形式（李忠国，2005）。也有学者在总结世界农业规模经营演进路径并分析中国农业特征的基础上，提出通过生产环节流转和建立社会化服务体系来实现农业规模经营（廖西元，2011）。通过生产环节流转实现服务规模经营，是农业规模经营方式的创新（胡新艳、朱文珏等，

2015），也是从专业化分工视角对农业规模经营进行的全新诠释。

事实上，从现有研究来看，无论是土地规模经营还是其他形式的规模经营，研究者对中国农业经营现状都存在一个基本共识：农户土地规模偏小，阻碍了农村经济的健康发展，扩大土地经营规模是农村经济发展的必然结果。因而，即便是已有基于农业分工视角的研究，也认为农户的专业化分工决策是推动土地规模经营的一种手段，生产服务的规模化经营只是土地规模经营实现前的一个必经阶段，最终都会以扩大土地经营规模为落脚点。从发达国家的经验来看，土地规模扩大似乎是必然趋势，如何实现从分工经济到土地经济的过渡，现有研究却极少从微观角度深入探讨，主要原因在于土地是农业经营最主要的生产要素，分工带来的成本节约远不及土地的规模经济性，由此及彼的过渡也是一个长期的过程，在此过程中，诸多其他要素的影响反而弱化了专业化分工的作用。

相对于狭义的种植农业，养殖业对土地要素的依赖并非持续性的，在达到特定的养殖密度以前，畜群可以在一定的土地规模上水平延伸和立体发展，畜群规模的扩大以土地规模的跳跃式扩展为前提。正是由于养殖业的这一特点，基于农业分工视角的规模经营研究大多以养殖业作为研究对象。一些对养殖场经营决策的实证研究发现，养殖户的专业化决策，的确有助于实现农业经营者的规模经济（申红芳、陈超等，2015），养殖户为实现规模经营，可能选择将部分生产环节外包给其他机构或个人（Wolf，2003；Gillespie，2010），专业化程度与养殖场规模之间存在一定的正向关系（Sumner & Wolf，2002）。

虽然实证研究证实了专业化分工与农户经营规模之间的正向关系，但对于二者的逻辑关系却疏于论证，即便在已有的理论研究中，也没有发现足够的宏观或微观上的证据证明分工与经营规模存在必然联系。阿林·杨格强调规模经济的本质在于分工和专业化，企业规模的扩大只是递增报酬在某种条件下实现的物质技术条件，并不是其本质原因。舒尔茨在《改造传统农业》中也表示，由传统农业向现代农业过渡所需要的现代要素，需要专业化的农业研究方可产生，而对大规模农场的强调反而抑制了农业研究的专业化分工。可见，虽然从宏观层面来看，市场发展与分工深化具有正向的互动作用，且市场规模取决于微观个体的经营规模，但从微观层面来看，经济个体的专业分工决策与其经营规模之间的逻辑关系有待进一步厘清。

在分工视角逐渐回归农业规模经营研究视角的同时，不得不注意的是，农业分工深化的内生性障碍依然存在，如农业生产的季节性体征使每一种工序（如耕田、除草、收割等）都只能在各季节中有限的时间内完成，这样，对小农户而言，在生产工序中引入现代要素（如机械）将变得得不偿失，而对于专业从事生产服务的农户来说，也将由于收益缺乏可持续性而放弃供给。基于此思路得出的结论便是：只有大型农场才能引入现代要素而获益（Otsuka，2013）。然而，事实是，无论在种植业还是在养殖业中，即便一些季节性很强的生产工序，小农户通过参与市场分工获得现代要素投入的情况依然普遍存在。

纵观已有的研究，尽管注意到了分工深化对农业发展具有积极的促进作用，研究视角涵盖农业分工的产生、演进和分工的经济效果，但却鲜有研究从动态视角把握市场发展、分工演进以及微观个体的专业分工决策三者的关系，原因之一便是任一农业生产的分工演进都是一个漫长的过程，而且不同产业、不同生产特性的生产分工都存在较大的差异，从动态视角的分析必然要求研究者对产业发展有一个长期的跟踪研究。

为对以上两个问题进行深入的探索分析，本研究意在选取一个既存在广泛分工，又有可考的分工与规模演化历史的产业作为研究对象，一方面从理论上构建农业分工深化与农户规模演化之间的逻辑关系，并在宏观层面验证这种关系；另一方面利用微观调研数据厘清农户参与社会分工与其经营规模演化之间的静态和动态关系。

0.2　研究目的与意义

0.2.1　研究目的

亚当·斯密（1776）在《国民财富的性质和原因研究》（以下简称《国富论》）开篇便提出分工可以大幅加快农业现代化进程，直接关系到社会主义现代化目标的进度和质量。

提高劳动生产率，"劳动生产力上最大的增进，以及运用劳动时所表现出的更大熟练、技巧和判断力，似乎都是分工的结果"（亚当·斯密，1776）。在斯密看来，劳动分工是经济进步的唯一源泉，分工、报酬递增和经济增长是相互促进的。马歇尔（1890）阐述了分工、集群与报酬递增的关系，分工对报酬递增的积极作用体现在三个方面：集群效应、规模效应和专业化效应。阿林·杨格（1928）指出，分工和专业化程度一直伴随着经济增长的全过程，市场规模决定分工，分工也影响市场规模的大小。此后，尤其是到19世纪后半叶和20世纪，分工和专业化的显著发展，带来了经济的快速增长，以至于普通人都可以感受到分工和专业化对经济发展的作用。在经济学家眼里，分工和专业化对经济发展的促进作用被视为"公理"性的知识而无须加以讨论（盛洪，1992），正如马克思所说："一个民族的生产力发展水平，最明显地表现在该民族分工的发展程度上。"（《马克思恩格斯选集·第4卷》，1995）① 经济发展被视为生产方式变革的结果，而分工和专业化的发展是这种变革的主要特征。

相对于工业化社会中的专业化和分工以及为经济发展带来的巨大

---

① 中央马克思恩格斯列宁斯大林著作编译局. 马克思恩格斯选集（第4卷）. 北京：人民出版社，1995：144.

贡献，农业发展中的专业化和社会分工却并未像工业发展中的那般迅速。经济学家们普遍认为，由于农业生产的自然属性，农业分工与生俱来受到"有限性"的制约。在中国，长期以来形成的"小农"生产特性限制了农业生产效率的快速提升，原因有二：其一，小农经济损失了土地经营规模扩大带来的规模经济；其二，小农经济不利于现代生产要素尤其是机械的采用。基于以上特性，农业生产"各项工作不能像制造业那样判然分立，因而无法形成制造业那样细密的分工，这或许是农业劳动生产力的增进总也赶不上制造业劳动生产力增进的主要原因"（亚当·斯密，1776）。

在工业生产中，分工与市场规模的交互促进作用无论在理论应用还是实证检验方面都得到了普遍的认可，但在农业经济发展中，从分工视角进行的深入研究却相对欠缺。本研究旨在以分工理论为基础，厘清农业社会化分工深化与传统农业经营主体自发演化之间的逻辑关系；同时通过实地调研资料深入分析农业经营主体规模演化过程中的要素配置机制，试图构建农业社会分工深化、农业经营体系创新与要素配置效率改善协同演进的循环机制，为中国未来转变农业发展方式，促进农业供给侧结构性改革政策的制定，以及加快农业现代化进程提供前瞻性的理论依据和实践指导。

劳动分工是效率改善的源泉，社会分工与组织内分工是纵向交易治理中两种不同的制度安排，经营主体对交易成本的规避和对分工收益的追逐必然产生经营边界的改变。在农业生产中，农业经营主体一方面通过扩大土地经营规模，实现内部分工规模经济；另一方面在社会分工深化背景下，通过社会化服务体系或参与迂回生产获取分工收益，这两种形式的经营变化，都将使农业经营主体出现两种形式的分化：退出经营，抑或扩大经营。

具体来说，研究目的主要有三：

其一，通过理论分析并结合农业发展和社会分工宏观数据，厘清农业分工与农业规模经营之间的交互作用，并验证农业社会化分工深化和农业经营主体规模演化的逻辑关系。

其二，把握农业分工深化与农业规模经营的联动机制，为达到此目的，主要通过对三个问题的解答来寻找答案。问题1：哪些因素影响农户的专业化分工决策？问题2：农户的专业化分工决策对其经营效率的影响机制如何？问题3：农业分工对农户规模演进的作用机制是什么？

其三，农户规模的动态演进是处于市场不断发展的大环境中，除受自身专业化分工决策等内因影响外，也受到市场发展阶段的影响。本研究的目的在于通过具体案例的规模化演进过程，从动态视角把握市场发展、专业化决策与规模演进之间的关系。

0.2.2　研究意义

"农业分工深化"与"农业规模经营"作为中国农业经济发展的两大热点话题，历来为学术界所关注。但就目前的研究来看，大多仅限于对其中一个话题的讨论，学者们似乎将农业分工与农业规模经营之间的正向关系视为理所当然的结论而不去讨论。对于分工和市场规模的讨论，相对于工业部门，农业部门受到的关注相对欠缺。本研究在农业规模经营遭遇制度性瓶颈的背景下，试图将研究视角重新拉回分工经济的视角，用农户微观调研数据考察农业分工与农业规模经营的交互关系，无论从理论角度还是从现实角度都具有重要的意义。

其一，对于农业分工和农业规模经营的关系，无论从理论分析还是从实证分析都没有得出一致性的结论。从理论层面进一步厘清农业分工与农业规模经营的动态演进机制，并用微观数据在农业部门验证分工与市场规模的关系，对于剖析分工对规模演化的作用机制，推动分工理论在我国农业发展中的应用具有深远的意义。

其二，重新从分工视角研究中国的农业规模经营问题，对于突破土地制度瓶颈，转变经济发展思路具有积极的现实意义。从微观层面对农户分工参与决策，农户分工对经营效率及规模眼睛的作用机制进行深入考察，在某种程度上可以为农业政策的制定和实施提供科学的实证依据。

0.3　研　究　内　容

为实现以上研究目的，本研究拟从以下三个方面进行研究：第 1 篇从理论层面梳理了农业分工深化与农业规模演化的理论逻辑。其中，第 1 章介绍了农业分工及其演进的理论基础；第 2 章从规模经济理论探析农业规模经营的实现方式和农户规模演进的决策。

第 2 篇从宏观角度分析农业分工与农户规模演化的机制。其中，第 3 章从小农户规模演化的视角探索现代农业发展的新视角；第 4 章从农业效率改善的视角解释农业分工深化对小农户规模演化的动力机制。

第 3 篇从微观角度分析分工深化与农户规模演化的机制。其中第 5 章交代了研究的背景和数据获取；第 6 章和第 7 章分别从农户参与和农业效率提升分析农业分工深化对农户规模演化的动力机制；第 8 章实证分析了分工深化与规模演化的数量关系；第 9 章进一步通过案例分析验证分工深化背景下农户规模演化的路径和影响因素。

第 10 章为本研究的结论和政策建议。

第1篇　分工深化与农户规模演化的理论基础

▶ 第 1 章 ◀

农业分工演进及其理论渊源

在亚当·斯密看来，分工是经济进步的唯一原因，分工不仅极大地提高了劳动生产率，而且对于发明创造、扩大交易规模与市场范围、改善社会福利等都具有显著的促进作用（刘明宇，2004）。斯密分工理论的历史意义，不在于其对分工论述的"创造性"或"完整性"（坎南，1929），而在于"无论在他之前还是之后，都没有人能如此重视分工"（熊彼特，1954）。1928年，阿林·杨格在《规模报酬递增与技术进步》中进一步阐述了分工演进和市场规模的互动关系，提出"分工演进取决于市场规模，而市场规模又取决于劳动分工"，这是一个循环累积、互为因果的演进过程，即"杨格定理"。

市场规模作为一个宏观层面的概念，其变化取决于微观经济主体的经济决策，理论研究支持分工演进与宏观规模的互动关系，但分工与微观主体规模变动之间的互动机制却有待进一步厘清；在土地规模经营遭遇制度性瓶颈的背景下，已有学者转而从分工视角分析中国的农业规模经营问题，但研究依然局限于微观农户的决策行为分析，而对于分工与农户规模变化的关系却疏于进一步探讨。鉴于此，本节以分工理论和规模经济理论为基础，以相关文献的研究结论为线索，梳理分工与农户规模化经营的互动机制。

1.1 分工理论基础

1.1.1 分工的起源

对于分工的产生及深化，古典经济学给予了前所未有的关注。亚当·斯密认为"分工"即"劳动分工"（Labor Division），是指生产活动中的若干不同"操作"由不同的人来完成。分工源于人们之间互通有无的倾向，而分工的深化又受市场规模的限制。在斯密的框架中，分工既是经济进步的原因，同时新的分工又取决于市场规模的扩大。分工之所以能提高劳动生产率，是因为源于三个方面的结果：第一，分工有利于促进工人的熟练程度；第二，分工节约了工作转换的时间；第三，分工有助于工具改进和机器发明；而市场规模则通过人口密度和运输成本对分工深化产生影响。通过将劳动分工与经济增长结合起来，斯密的理论"形成了凭借持续引进新的分工而自我维持的增长理论"（Pure Kerr，1993）。1928 年，阿林·杨格进一步发展了分工演进和市场规模的思想，将分工演进与市场规模的互动关系视为"一个循环积累、互为因果的演进过程"，通过论证市场规模（范围）与迂回生产、产业间分工相互促进、自我演进的机制，阿林·杨格的分工理论第一次超越了斯密关于"劳动分工受市场范围限制"的思想（贾根良，1996）。

斯密将分工区分为工场内分工和社会各部门的分工，但遗憾的是，斯密并未真正分清两种分工的区别，认为"凡能分工制的工艺，一律采用分工制，便相应地提高劳动生产率。各种行业之所以各个分立，似乎是因为有这种好处"。继亚当·斯密之后，马克思也非常重视分工和专业化对提高劳动生产率的作用（《马克思恩格斯选集·第4 卷》，1995）。在斯密分析的基础上，马克思首先将分工区分为自然

分工和社会分工两种不同的形态，其中，自然形态的分工包括基于生
理基础的性别分工和自然地理因素决定的地域分工；社会分工则包括
企业组织内部的分工（个别分工）和企业外部的分工（一般的分工
和特殊的分工）（马克思《资本论·第 1 卷》，1975）①。马克思将分
工视为一种生产组织方式，并随技术变迁而演进。马克思把经济发展
看作是生产方式变革的结果，而专业分工则是这一变革的主要特征，
"一个民族的生产力发展水平，最明显地表现于该民族分工的发展程
度，任何新的生产力，只要它不仅仅是现有生产力的扩大（例如开
垦新的土地），都会引起分工的进一步发展。"《马克思恩格斯选集·
第 4 卷》，1995）②。

1.1.2　市场分工与规模效率

马歇尔（1890）是新古典经济学派中为数极少的对分工重要性
给予论述的经济学家。在其代表性著作《经济学原理》中，马歇尔
将分工与规模报酬递增相联系，分工即为通过规模报酬实现组织改进
的过程。马歇尔（1890）认为，分工经济通过外部经济和内部经济
两条途径实现报酬递增，从而实现组织（分工）的改进，其中外部
经济包括产业集聚、生产销售的规模化、经营管理的职业化；而内部
经济则包括熟能生巧、机械替代人工、零配件的标准化。在后续的研
究中，马歇尔也曾试图通过外部经济的概念将报酬递增纳入竞争均衡
的分析框架，并以此说明专业分工与经济进步的关系。然而，分工理
论与边际均衡方法之间存在着内在的不相容性，在《经济学原理》
的后半部分分析中，基于完全信息、无外部性、制度一定假设的边际
均衡分析完全取代了专业分工的思想。克拉彭认为，外部经济不能归
于任一产业，它与内部经济紧密相关，一个产业的外部经济可能是另

---

① 马克思. 资本论（第 1 卷）. 北京：人民出版社，1975：389 – 392.
② 中央马克思恩格斯列宁斯大林著作编译局. 马克思恩格斯选集（第 4 卷）. 北京：
人民出版社，1995：286.

一个产业的内部经济。即使通过"干中学"而积累的"内部经济"也可能通过外溢而形成"外部经济"。

此后，新古典经济学的研究重心逐渐从专业分工转向资源配置问题，虽然少数经济学家意识到分工的经济意义，企图将分工重新拉回主流经济学的分析轨迹，但都没有成功。1937年，科斯在《企业的性质》中运用交易成本概念打开企业的"黑箱"，冲击了新古典经济学的基本假设。科斯将市场和企业看作两种协调专业分工与交易的机制，企业因其权威关系协调专业分工，大量减少了分散定价的交易数量而节约了交易费用。科斯之后，威廉姆森对其理论进行了深化和发展，他认为企业的功能在于节约市场交易费用，而市场交易费用则源于不确定性、资产专用性及交易频率，以此为基础，他提出了交易特性与组织专业分工机制的有效匹配。新制度经济学强调交易费用的节约与分工专业组织演进程度的关系，在其理论体系中，分工程度以一种治理结构而存在。然而，由于新制度经济学过于关注组织的交易功能，而忽视了其生产功能，其所论证的分工更大程度上是指组织与市场的角色分工，而对基于生产功能的分工专业却缺乏详细的论证。诺斯（North）认为，一种制度的选择是生产费用和交易费用共同作用的结果，分工发展在增加市场交易费用的同时，使生产费用下降，只有当生产费用边际下降小于交易费用边际增加时，专业化才会被一体化所取代（诺斯，2008）。

1.1.3 市场分工与交易成本

新制度经济学对交易费用的论述为分析专业分工及组织演进程度和水平提供了新的分析思路，但其对分工的忽视使其在经济分析中缺乏说服力。杨小凯继承并发展了亚当·斯密关于劳动分工水平的深化会带来生产力的提高和经济增长的思路，从个人专业分工的微观角度解释了经济发展过程中的许多微观和宏观现象，如经济组织演进、企业的出现、经济增长、贸易、货币及城市的出现等。杨小凯将专业化、分工视为两个紧密相连的概念。专业化一般是对个人而言的，一个人专业从事某项工作，就会产生专业化经济；而分工则是一种制度性与经济组织结构性安排，牵涉人与人之间的关系和协作。整个社会的分工经济包括所有个人的专业化经济，分工演进则体现为个人专业化水平的提高，个人最重要的生产决策就是选择其专业化水平，是一个跳跃的、非连续的过程。分工演进扩大了市场规模，而市场规模的扩大又反过来促进分工的发展，同时使交易费用上升，分工演进的过程便是专业分工报酬递增与交易费用之间的"两难冲突"。杨小凯和黄有光等学者（2000）用超边际分析法将专业分工与交易费用理论相结合，解决了二者之间的"两难冲突"，认为与交易费用和交易效率高低相关的制度安排对于形成较高专业分工水平，进而促进产业以及产业组织演进至关重要。

然而，杨小凯等学者对新古典经济学的改进仍然存在一定的局限性。第一，其分析路径仍是以资源配置为导向，即一个组织或一种契约的产生，源于这种组织或契约所蕴含的经济效率优于它所替代的组织或合约所蕴含的经济效率；第二，其分析抛开了组织产生及其演进的"历史动因"。它所定义的分工和专业化经济，实际上是社会分工经济或马歇尔的外部经济概念，以分工经济说明生产组织内部生产的效用，实际上是比较自给自足和完全分工的差异，而没有说明生产组织内部分工相对于社会分工的优势，没有考虑不同技术条件和其他社会条件对分工演进的影响。同时，对于交易费用的衡量，他用交易系数衡量的过程中，抽象掉了分工、技术、制度对交易效率系数的影响。尽管如此，其关于"分工是报酬递增的重要源泉、是经济组织问题"的思想，以及其对分工、专业化与经济组织的演进的形式化研究，使经济学进入了一个崭新的阶段。

1.1.4　市场分工的演化

凡勃仑最早提出"演化经济学"这一概念，他对新古典经济学中所强调的均衡思想进行了激烈的批判，认为经济学应该抓住演化和变异这个核心主题。分工理论的演化观点最早由阿林·杨格提出，1928年，阿林·杨格在《报酬递增与经济进步》中试图拓展斯密的分工思想，认为专业分工最大的特点是迂回生产方式，市场规模与迂回生产、产业间分工相互作用、自我演进的过程与机制，从本质上看就是专业分工促进组织演进的重要体现。针对新古典经济学中的规模报酬递增概念，阿林·杨格指出，报酬的递增并非源于企业规模的扩大，而是源于专业分工的发展，劳动分工取决于市场规模，市场规模又反过来制约劳动分工的发展，市场与分工之间的交互作用和正反馈机制是经济增长的不竭动力。阿林·杨格对分工的重视和描述，超越了时代的发展，然而，其思想无法用当时的新古典主义模式加以处理，因而分工思想并未因此而改变被新古典经济学家忽视的境遇。

在阿林·杨格的影响下，其学生卡尔多进一步发展了杨格的理论，他强调额外投资对诱导报酬递增的重要性，并论证了商业专业化在供求导致分工自我演进中的作用，以此说明经济组织和制度对于分工深化的重要推动作用。

熊彼特认为经济发展本质上是一个动态变化的过程，分工与组织演化的实质在于创新，即"实现新的组合"，包括：引进新产品、采用新的生产方式、开辟新市场、获得新的供给来源以及实现新的企业组织形式五个方面（熊彼特，1934），然而，熊彼特将企业家精神视为推动分工和组织演化的主要力量则过于简单化了。

基于熊彼特的创新理论和西蒙（Simon）的组织行为力量，纳尔逊（Nelson）和温特（Winter）提出了一个吸收了自然选择理论和企业组织行为的综合分析框架。企业在相互竞争中实现自然选择，只有不断创新才能使企业在竞争中生存；演化经济理论认为人的理性是有限的，因此新古典经济学中的利润最大化和经济均衡假设是不现实的，企业决策实际是选择令自己满意的方案，经济均衡也只是暂时的。

演化增长模型的行为基础包括选择机制和创新学习机制，前者使经济个体具有趋同性，只有适应性强的经济个体才会生存下来，而后者则为选择过程提供多样化的选择集合。历史上的劳动分工之所以呈现多样性，是因为劳动分工除受市场规模的限制外，还受资源种类和环境涨落的限制；同类个体之间的竞争提供了分工演化的外部动力，而合作才是维持分工协作的关键，制度是影响分工演化方向的重要因素。演化理论为研究分工演化提供了新的概念、观点和方法，但并没有提供一个现成的分析制度如何发挥作用的框架。

1.2 农业分工演进及其有限性

1.2.1 农业分工的有限性

亚当·斯密将农业劳动生产率低于制造业劳动生产率的原因归结为农业分工的有限性（"斯密猜想"），这为后人解释工农业收入比重变化提供了一种可行的思路，同时也引发了学者对农业分工有限性原因的解释。综合看来，导致农业分工有限性的原因主要包括以下几个方面。

（1）交易成本视角。交易成本经济学认为，只有农户从农业分工中得到的分工收益超过其产生的交易成本时，农业分工才会得以继续，否则，自给自足的生产方式将代替农业分工深化。农产品鲜活易腐导致的交易低效率和农业生产的季节性导致的高分工协调费用（Shi and Yang，1995），使农业分工得不偿失（罗必良，2008），这也是农业分工之所以滞后于制造业分工的主要原因。高帆（2009）认为农业市场规模有限，农民利用市场机制的高交易成本是抑制农业分工演进的一个重要因素。农业生产周期长，对劳动投入考核成本高、难以监督，也限制了农业分工的深化（杨丹，2011）。

（2）农业生产特性视角。亚当·斯密（1776）指出，农业劳动随季节推移而巡回，因此指定一个人从事一项劳动的可能性较小，最早提出了农业分工受限的思想。罗必良（2002、2008、2009）认为，除季节特性外，农产品生产的产品生命特性、市场特性以及生产组织特性都会影响农业分工的深化。产品生命特性决定了农产品生产的各个环节之间是紧密相连的，任何人为地分离都可能造成成本上升；季节特性导致劳动分工需要付出较高的协调费用，同时劳动的非连续性也限制了农业分工的深化；市场特性包括低供需弹性导致的市场范围约束、产品的鲜活易腐性导致交易风险增大以及产品同质性导致的高排他性成本都限制了社会分工的深化；组织特性导致农业生产的监督成本极大，从而抑制分工。针对农业分工深化受限的现状，通过发展设施农业、改变产品特性，提高商品多样性以及增加中间品投入等方法提高农业生产率。

（3）经济结构的视角。刘明宇（2004）认为制度因素是抑制农业分工深化的主要障碍，二元经济结构不仅阻碍了农民参与城市的分工，也阻碍了农民自身的分工深化。高帆（2009）认为农业分工演进与中国的二元经济结构刚性存在密切关系。王京安，罗必良（2003）则从产权视角分析农业分工的有限性，认为市场是分工深化的基本环境，明确农业领域中各项资源的产权边界是实现市场交易、深化农业分工的重要前提。

1.2.2　农业分工演进的实证研究

尽管农业劳动分工存在天然的内生障碍，但通过分工深化改善农业经营效率仍不失可能性（Greif，1994）。阿林·杨格（1928）将分工描述为个人专业化水平、迂回生产程度和中间产品种类数。杨小凯（1998）、罗必良（2008）认为，可以通过向工业部门采购机器以"进口"分工经济和迂回生产的好处，以促进农业分工，并推动农业生产效率的提高。刘明宇（2004）用一个渔网制造分工的故事说明，分工深化是通过内部分工，形成比较优势后，由内部分工逐渐向外部分工转化的过程。高帆（2009）将农业分工区分为物质资本迂回型、人力资本迂回型、专业组织推进型、内部结构调整型、外部劳动流转型等五种演进模式，认为只有通过技术创新和体制完善才能促进中国农业分工的演进进程。杨丹（2011）认为，农业分工的深化过程体现为农业产业分工向农产品种类分工和生产环节分工的演进，农业生产主体通过参与合作经济组织可以促进农业分工深化。胡新艳、罗必良等（2015）通过对崇州模式的讨论，从产权的角度解释农业分工深化的路径：一方面，通过产权细分促进分工深化，提升资源配置效率；另一方面，通过相应的合约治理机制减少分工产生的交易成本，以保障分工效率的持续增进。

对农业分工演进的研究隐含着一个假定的前提：即农业分工演进对农户经营效率和农民收入具有正向的促进作用。王继权，姚寿福（2005）认为，农业分工和专业化通过两种途径提高劳动生产率和农民收入：一是专业化可以节省劳动力和其他投入耗费，同时可以积累生产知识，提高劳动生产率；二是通过专业化使产品具有差异化，从而改善完全竞争型的农产品市场结构。赫夫兰和埃文森（Huffnlan & Evenson，2001）利用1950年至1982年美国农业经济发展数据证明，当其他条件不变时，区域种植（养殖）品种的专业化对全要素生产率具有显著的促进作用；科埃利和弗莱明（Coelli & Fleming，2004）利用巴布亚新几内亚独立国的农户调查数据，证明种植品种专业化能显著提高技术效率；皮卡索·塔迪奥和里德·马丁内兹（Picazo - Tadeo & Reig - Martínez，2006）研究发现，将劳动和资本外包，能有效促进农场的经营效率，而农场规模与经营效率并不具有必然联系，因而政策制定者应通过提高外包服务企业和合作社的效率，进而提高农民的竞争力；王继权，姚寿福（2005）、徐锐钊（2009）通过实证研究，证明不同区域或农户间的农产品种类分工可以促进农业生产效率；罗富民，段豫川（2013）对川南山区的农业生产效率进行计量分析发现，农业产业分工及生产环节分工对该地区的农业生产效率具有显著的提升作用，而县域层面的农产品种类分工则存在制约作用。

当然，也有少数研究认为农业分工对农业经营效率的促进作用有限。高帆、秦占欣（2003）利用超边际分析方法构建了一个新兴古典经济学的数学模型，证实农业中的迂回生产程度及中间产品使用远低于工业。

分工对农户经营效率的促进作用是农户参与分工的前提，而农户对分工制度的选择是促进农业分工演进的微观条件。亚当·斯密认为，分工起源于交换的倾向。而农户为何会产生交换的倾向？现有文献主要从三个角度进行解释。

第一，要素禀赋决定交换倾向。资源基础理论学派认为，家庭要素禀赋的约束是催生农业分工产生的重要因素，农业分工之所以产生，是因为在其规模化过程中会面临资源禀赋的约束。沃尔夫（Wolf，2003）对美国西部地区牧场主的调查发现，由于饲养设施匮乏、管理时间和劳动力不足等因素，91%的牧场主选择将小母牛的饲养环节外包给周边的饲养户；皮卡索·塔迪奥等（2006）对西班牙柑橘种植户的研究发现，农户参与社会分工的原因是实现家庭有限劳动力的灵活性支配；伊加塔（Igata et al.，2008）通过对比荷兰与日本农场主的分工参与行为发现，更易面临劳动力短缺的荷兰农场主，更倾向于通过分工缓解其劳动力不足；吉莱斯皮（Gillespie 等，2010）对美国西部地区牧场主的青贮饲料生产决策的研究发现，牧场主年龄、教育水平、兼业时间以及初始投资成本等资源禀赋特征，显著影响其分工参与决策。

第二，交易成本决定交换倾向。交易成本经济学认为，农户获取相应生产要素的交易成本在一定程度上影响农户的社会分工参与决策。韦尔尼芒（Vernimmen et al.，2000）研究发现，生产环节的复杂程度、环境不确定性或交易频率都会显著影响农户的分工参与行为；参与分工的专业化收益超过分工产生的交易成本增加，是农户参与社会分工的前提。

第三，要素禀赋和交易成本共同决定交换倾向。麦基弗（McIvor，2009）认为，对于农户分工参与决策的影响，资源禀赋和交易成本具有相互补充的作用；蔡荣，蔡书凯（2014）从资源禀赋和交易成本双重视角考察了安徽省水稻种植户参与社会分工的决策，发现任务复杂性、不确定性等交易成本因素，以及家庭劳动力、户主年龄、种植规模等资源禀赋因素都显著影响种植户的分工参与决策。

以上文献为研究农户的专业分工决策提供了实证基础，但应该注意到的是，分工源于交易，而交易则必然依存于交易需求方和供给方，以上分析主要侧重对需求方的分析，却忽视了对生产性服务供给决策的研究。2013 年，中央一号文件提出"构建农业社会化服务新机制，大力培育发展多元服务主体"，重点"培育农业经营性服务组织"和"创新服务方式和手段"，进一步突出了农业生产性服务供给的重要性。

李寅秋，申红芳（2015）认为，农户的生产性服务供给决策可以简化为农户的就业选择决策——即在特定的可支配工作时间内，选择外出务工抑或提供生产性服务。对此，巴纳姆（Barnum，1979）等提出的新古典农户经济学理论认为，农户需在"农业生产者""非农劳动者"以及"消费者"三重身份中进行权衡，以实现整体效用最大化；新格（Singh，1986）等进一步发展了上述理论，将农户的农业生产和非农劳动统一纳入分析框架，农户对两者的资源配置以其经济效益最大化为目的；波卢斯（Bowlus，2003）等的研究证明，农户劳动力的农业劳动与非农劳动在中国存在明显的"不可分性"。农业劳动与非农劳动的比较收益是影响农户就业决策的关键因素（李寅秋，申红芳，2005）。李嘉图认为资源禀赋差异是导致经济主体之间比较优势差异的主要原因，许多学者的实证研究结果也证实了禀赋差异对农户就业决策的影响。萨贾德（Sjaastad，1962）和赵耀辉（1999）的研究都证实，农户人力资本禀赋是影响农户非农就业的

"活跃因素"，富有农业耕作经验、生产技术以及拥有大型劳动机械的农户更倾向于在空余时间内提供生产性服务；李寅秋，申红芳（2015）对水稻种植户的生产性服务供给行为研究发现，农机保有量和可支配劳动力对不同生产环节的服务供给都存在显著的正向影响。

　　农业分工深化过程是农业经营者通过外部要素替代内部要素的过程，这种要素的配置有利于经营者实现规模扩大，因而，分工深化是规模经济产生的源泉，而规模经济则是农业规模经营的理论基础。

▶ 第 2 章 ◀

农业规模经营

2.1 理论探源——规模经济理论

2.1.1 古典经济学的解释

规模经济是指"在既定的（不变的）技术条件下，生产一个单位单一的或复合产品的成本，如果在某一区间生产的平均成本递减"，就可以说这里有规模经济。（约翰·伊特韦尔，1996）。规模经济反映了企业规模同生产分配可能达到的最低平均成本之间的系统关系。从规模经济理论的发展来看，最早可以追溯到威廉·配第（William Petty）提出的"土地报酬递减"规律，他发现超过土地的生产力限度，劳动投入的增加便不会再使土地生成物的数量增加；随后，杜尔哥（Anne J. Turgot）和安德森（James Anderson）对"土地报酬递减规律"的内涵进行了详尽地表述，认为在一定的技术条件下，土地生产率的提高是有限的，从而引证一定量的土地能供养的人口是有限的，二者的研究论述了土地规模与土地收益的关系，但却只注意到了土地的平均产量，而没有注意边际产量。

亚当·斯密（1776）强调"劳动生产上最大的增进，以及运用劳动时所表现的更大的熟练、技巧和判断力，似乎都是分工的结果。"首次正式从分工和专业化角度探讨了劳动生产力提高的主要原因。之后，约翰·穆勒（1948）和阿林·杨格（1928）在继承和发展了斯密分工理论的基础上，论证了大规模生产问题。穆勒以分工为基础，论证了通过大规模生产可以带来生产成本的节约；阿林·杨格则论证了生产规模与分工之间的相互促进机制，即杨格定理。

尽管对于规模经济的论述起源于古典经济时代，但从总体上来说，直到第二次科技革命之前，并没有对规模经济的系统研究，真正全面阐释大批量生产所具有的规模经济效应的，先是马歇尔（Alfred Marshall），后是张伯伦（E. Chamberlin）、琼·罗宾逊（Joan Robinson）和乔·贝恩（Joe Bain）。1890 年，马歇尔在《经济学原理》中指出"大规模生产的利益在工业上表现得最为清楚。大工厂的利益在于：专门机构的使用与改革、采购与销售、专门技术和经营管理工作的进一步划分"，厂商在规模扩张过程中，要先后经历规模收益递增、规模收益不变和规模收益递减三个阶段。厂商的规模经济来源于"内部经济"和"外部经济"两个方面，内部规模经济是指厂商的平均成本随自身生产规模的扩大而下降，依赖于厂商通过合理配置资源以提高组织和经营效率；而外部规模经济则指平均成本随整个行业的生产规模增大而下降，依赖于厂商之间的分工与协作。马歇尔发现，自由竞争会导致生产规模扩大，形成规模经济，然而大规模又必然形成市场垄断，从而阻止竞争，造成资源的不合理配置，即"马歇尔冲突"（Marshall's Dilemma）。因此，如何寻求市场竞争与规模经济之间有效合理的均衡，以获得最大的生产效率，成为 20 世纪 30 年代经济学家讨论的重要议题。

1933 年，张伯伦出版《垄断竞争理论》，同年，英国经济学家琼·罗宾逊出版《不完全竞争经济学》，二者以"马歇尔冲突"为基础，提出了"不完全竞争"的思想和理论。不完全竞争理论认为，现实市场既不是完全竞争的，也不是完全垄断的，而是这两种因素的混合，是处于两种极端之间的"垄断竞争"的市场模式。不完全竞争理论以更符合实际的假设补充了传统规模经济理论的缺陷。

以"马歇尔冲突"为分析起点，乔·贝恩特别强调规模经济构成进入壁垒的重要性，"在位厂商若能长时间将产品售价定在最小生产成本以上，而不会引起潜在进入者进入的程度"（Bain，1968），则说明进入壁垒存在。在此假说基础上，贝恩又提出"规模障碍系数"的概念，$d = Q^*/S$。其中，d 代表规模障碍系数，Q^* 代表最低经济规模，S 代表市场总规模。根据规模障碍系数的概念，最低经济规模是影响进入障碍大小的一个重要因素，规模障碍系数越高，市场集中度也越高。哈佛学派利用"结构—行为—绩效"（SCP）的单向因果关系分析范式得出如下结论：行业集中度高的企业总是倾向于提高价格、设置障碍，以便谋取垄断利润，从而造成资源的非效率配置，即，规模经济导致静态效率损失（王瑶，2011）。

然而，贝恩以及哈佛学派的分析是基于静态视角的分析，对此，芝加哥学派的乔治·施蒂格勒将进入壁垒定义为"一种由潜在进入者承担，而已在位的企业则不必承担的一种生产成本"，是影响个体企业需求的一种力量。规模经济反映的则是企业规模与广义生产成本之间的关系，因此，规模经济不构成进入壁垒。威廉·鲍莫尔通过把创新纳入微观经济理论分析框架，从而将完全竞争模型转化为与现实世界更贴近的可竞争市场模型，潜在进入者通过创新对在位垄断者构成潜在的竞争威胁。因而，从动态来看，规模经济不但没有效率损失，反而通过可竞争市场实现了动态效率。

2.1.2 规模经济理论的现代发展

新古典理论将投入与产出的关系视为纯技术关系，即厂商总是在既定的投入和技术水平下实现产量极大化和单位成本极小化的目标。然而，现实中组织或动机（低）效率无处不在，导致传统的新古典理论无法解释现实而陷入了危机。对此，一些经济学家认为，应通过更加现实性的假设重构新古典理论，以解释市场配置效率与企业非配置效率并存的现实。1966 年，哈维·莱宾斯坦（Leeibenstein）发表《效率配置与 X 效率》，他认为，当外界存在竞争压力时，企业才有动力降低成本，一些处于垄断地位的大企业由于外部面临的竞争压力小，内部机构庞杂，组织层级多，从而导致组织协调困难，资源内部配置效率低，进而难以实现费用最小化和利润最大化的经营目标。这种由组织或动机产生的效率损失即 X – 非效率（X – inefficiency Theory），X – 非效率带来的"大企业病"正是企业发展规模经济的内在制约。

1937 年，科斯发表《企业的性质》，第一次将"交易成本"的概念引入经济学分析框架，他认为企业产生的根本原因是存在交易费用。以科斯为代表的交易成本理论为规模经济的研究开辟了新的方向。科斯认为，企业和市场是两种不同的、但可以相互替代的资源配置方式，企业对市场的替代会节约市场交易成本。然而，随着企业规模的扩大，企业内部的协调成本会增加，当二者达到平衡时，企业扩张才会停止。科斯理论的不足之处在于，它无法回答是哪些因素决定了一笔交易的内部组织费用高还是市场交易费用高（袁庆明、魏琳，2009），对此，奥利弗·威廉姆森通过引入资产专用性、交易频率等关键变量分析了企业规模扩张的动态平衡（Williamson，1985），一体化的企业在资金流量调节和奖惩激励方面较市场更具优势，而规模过大和多样化的经营可能导致不经济，这两个方面的共同作用制约了企业规模边界的扩张。

与交易成本理论不同，迈克尔·波特（1985，1990）则从企业追求竞争优势的角度解释规模经济产生的动因，波特认为，企业必须建立起高效、规模化的生产设施，以低于竞争对手的成本获取资源和市场，规模经济带来的竞争优势使企业获得先发优势，从而增强其竞争能力的持久性。

2.2 农业规模经营的实现方式

基于小生产与大生产的矛盾、小生产与大市场的矛盾以及农业生产成本的上升等现实背景，一些学者以规模经济理论为指导，认为只有扩大土地经营规模、降低农业生产成本，才能提高农业竞争力。项继权（1994）将农业规模经营定义为"通过提高农业经营单位生产资料的占有量，通过大规模生产和经营降低生产成本，提高劳动生产率，实现规模效益"。土地规模、技术及农户投资是中国农业面临的三大症结，而其中的关键便是土地的分散化、细碎化经营带来的规模不经济。促进土地要素集中，扩大土地经营规模，有利于先进技术和设备的应用。因而，早期的农业规模经营，实际上等价于土地规模经营。

对此，有关学者主要从两个方面提出了质疑：其一，土地规模的扩大是否必然带来农业生产效率的提升；其二，通过土地流转促进土地要素集中是否有效。对于前者，实际上早就有大量的实证研究否定了"规模报酬递增"的存在，土地规模与农业经营效率的反向关系普遍存在，然而，这种反向关系并不足以改变农业规模经营政策支持者的观点。支持者认为，这种反向关系之所以存在，是因为实证模型中没有考虑技术要素的作用，土地规模扩大带来的技术革新足以扭转这种反向关系。同时，从发达国家的经验来看，即便随着土地规模的扩大，单位面积产量可能下降，土地仍会出现集中的趋势；而对于后者，则根源于中国土地流转中遇到的实际困境。存在此质疑的学者们大多认同农民自主选择的理性，而政策中对土地之于农民社会保障作用的忽视，则是造成农民意愿与政策导向不一致的根本原因。因而，学者们开始探讨一种迂回的规模经营路径。

李相宏（2003）认为，土地要素的集中实现规模生产，而农业规模经营则包括土地集中型、契约型或订单型、市场激励型或集聚型等多种形式，规模生产是农业规模经营的实现方式之一。李忠国（2005）认为农业规模经营的核心是生产要素的合理组合和效益最大化，农业合作社、农业产业化经营和土地股份制，都可以成为农业规模经营的实现形式。薛亮（2008）指出，农业规模经营的形式包括通过土地流转实现的土地规模经营、通过农机跨区作业实现的生产规模经营和农垦系统规模经营等；廖西元等（2011）在总结世界农业规模经营演进路径并分析中国农业特征的基础上，提出中国特色的农业规模经营将经历劳动力报酬最大化的生产环节流转、土地报酬最大化的经营权流转和土地产权制度变革的承包权流转三个阶段。姚洋（2013）指出，大型机械等现代生产要素不适于小农体系的观点是建立在生产要素的不可分基础之上的，若通过市场流转，那些不可分的要素都会变成可分的。通过生产环节流转实现服务规模经营，是农业规模经营方式的创新（胡新艳、朱文珏等，2015），也是从专业分工视角对农业规模经营进行的全新诠释。

2.3　农户（场）规模决策

农户（场）是农业经营的主体，农业规模经营最终落脚点仍在于农户规模的扩大。1770 年，阿瑟·杨（Arthur Yung）最早开始研究农户的适度规模经营问题，在其著作《农业经济论》中，详细论述了各生产要素的配置比例与经营收益的关系，并指出农业企业必须通过调整要素比例并选择合适的规模，以实现其利润最大化目标。马克思通过相关研究发现，农户经营规模的大小是与生产力发展相适应的，随着农业机械及现代动力等先进生产技术的采用，大规模生产必然以较低的生产成本取代小规模生产（《马克思恩格斯选集·第4

卷》，1995）①。俄罗斯农业经济学家恰亚诺夫认为，所谓适度规模是指农户根据自身的劳动力状况配置各生产要素的最佳比例，以实现最大化产量。约翰·希克斯（1962）认为，农业规模效率来源于机械化技术和生化技术在大规模土地上的应用，土地规模扩大是农业经营效率提高的前提条件。

1984 年中央一号文件提出"鼓励土地逐渐向种田能手集中"，正式开启了我国农业规模经营的进程。规模经济性是农业规模经营的理论基础，其规模经济性来源包括内部规模经济和外部规模经济（马歇尔，1890）。内部规模经济来源于土地经营面积的扩大、零散土地的整改以及其他生产要素投入比例的变化；外部规模经济则来源于公共设施的投入、市场集聚以及产业关联等外部因素的变化（蔡昉，李周，1990）。

在我国农业经济发展中，家庭农户一直是最基本的经营单位，农业规模经营以农户的适度规模经营为前提（董帮应，2014），是农业生产力提高的微观基础（蔡昉，李周，1990）。农户最佳经营规模应实现家庭劳动禀赋和土地禀赋的最大化利用，其核心在于尊重农户的自主选择（倪国华，蔡昉，2015）。但随着不可分生产要素的投入或生产技术的改变，农户的最优土地经营规模会随之发生改变（王培先，2003）。伴随着农业结构的调整和农村基本经营制度的变革，我国的农户群体逐渐开始分化（黄祖辉，俞宁，2010），经历了由"自给自足的传统小农——人民公社化的集体化农户——家庭联产承包责任制下的市场化小农——新型农业经营体系下的规模化农户"的演变过程（董帮应，2014）。2013 年中央一号文件强调，要按照规模化、专业化、标准化的发展要求，转变农业生产经营方式，并鼓励和支持专业大户、家庭农场、农民合作社等多种形式的适度规模经营。

---

① 中央马克思恩格斯列宁斯大林著作编译局．马克思恩格斯选集（第 4 卷）．北京：人民出版社，1995；166．

2014 年中央一号文件《关于全面深化农村改革加快推进农业现代化的若干意见》进一步强调了构建新型农业经营主体的必要性。新型农业经营主体是相对于传统小规模家庭经营农户的概念（张红宇，2015），是农业分工不断深化的产物（陈晓华，2014），市场化、专业化、规模化、集约化，是新型农业经营主体的基本特征，是实现农业规模经营的主要推动力量。

世界农业发展经验表明，以家庭为单位的农业生产是最有效率的经营模式（郭熙保，冯玲玲，2015）。农户（场）经营规模主要受内外两方面的因素共同影响。内部因素包括农场收入水平、非农就业、要素价格及技术进步，外部因素包括农场面临的政治经济环境、土地治理及制度要素。撒迦利亚和彼得森（Kislev & Peterson，1982）认为，要素价格变化可以解释美国 1930～1970 年间 99% 的农场规模变化；农场的收入水平是农场规模扩大的经济基础，农场收入正向影响农场规模扩大的速度与幅度（Atwood et al. , 2002；Snider & Langemeier，2009）；多列夫和辛奇（Dolev & Kimhi，2008）实证研究的结果发现，是否引入技术进步，是决定农场规模能否扩大的决定因素，不同时期的技术引入对农场规模的影响存在差异。此外，农户（场）所处的政治、经济环境直接影响其规模演化进程，稳定的政治环境和平稳上升的经济环境更有利于农场规模的扩大（Key & Roberts，2007）；伊斯特伍德（Eastwood，2010）的研究发现，土地质量与农场规模成反比，原因是劣质土地大多只能被用作牧场，粗放的规模经营是农户获得收支平衡的主要手段。

效率是与农户规模决策息息相关的概念。根据规模经济理论，农户经营规模的扩大必然带来农业生产效率的提高。然而，从我国 1984 年开始推行农业规模经营以来，就农地是否具有规模经济性的争论在学术界一直存在（许庆，尹荣梁等，2011）。综合来看，主要存在三种观点：

（1）土地经营规模与农业效率存在正向关系。张光辉（1996）

对比了法国、日本等国家的农地规模与单位面积产量之间的关系，发现二者之间存在显著的正向关系，因而主张推进规模经营有利于农业发展；黄祖辉等（1998）对江苏、浙江等地的研究发现，农户经营规模对劳动生产率、农民收入、农产品商品率以及农户的投入意愿等都具有显著的提高作用，土地生产存在规模经济性。此外，胡初枝，黄贤金（2007）、李谷成（2007）也得出了类似的结论。

（2）土地经营规模与农业效率存在负向关系。帕德罕（Pardhan，1973）对印度农业经营规模与经营效率之间的关系研究发现，二者存在普遍的负相关关系；罗伊·普罗斯特曼（1996）比较了不同国家的农业规模与生产效率的关系，发现小农场较大农场具有更高的生产效率；罗伊·普罗斯特曼（2002）进一步研究认为，农业规模经营可能造成农业经营环境恶化，阻碍农业发展。

（3）土地经营规模与农业效率关系不明确。瑞丁杰（2000）认为，农地规模与产出效率之间存在倒"U"型关系，即当农地面积很小时，生产效率很低，随着农地面积的逐渐增大，生产效率将出现先增大后减小的趋势。瑞丁杰通过对菲律宾的农业经营研究后发现，当农田面积达到4公顷时，农业生产效率最高；卫新等（2003）也通过实证数据验证了二者之间的倒"U"型关系，认为农户最佳的经营规模在 2 ~ 3.2 公顷，超过该面积，生产效率就会下降；查维斯（Chavas，2005）以哥伦比亚农业生产数据为研究样本，发现农户经营土地面积与农业生产率之间的关系不明显；许庆、尹荣梁等（2011）通过对我国粮食生产进行实证研究发现，我国的粮食生产中几乎不存在显著的规模收益递增。

许庆、尹荣梁（2011）认为，实证研究中之所以产生如上分歧，是因为忽视了适度规模经营的目的及政府粮食安全和农户收益最大化目标的不一致。对农户来说，扩大土地经营规模的目的不局限于降低单位成本或增加农产品产量，增加经营收益才是最终目的。如果农户经营的总收益增加，即便单位成本有所提高，农户也会选择扩大经营规模（朱希刚，钱伟曾，1989）。农户经营的适度规模取决于规模报酬与技术进步所要求的最低规模（乔颖丽，岳玉平，2012），土地流转速度和集中程度、劳动力转移速度以及数量都影响农户的土地经营规模（刘凤芹，2006）；钱文荣，张忠明（2007）认为，农户土地意愿经营规模在一定程度上反映了农户自身的生产能力。目前，我国农户实际土地规模明显小于意愿土地规模，而家庭禀赋状况是影响农户意愿土地经营规模的决定性因素。孔祥智，徐珍源（2010）认为，农地资源在农户间的合理配置，直接影响其规模经营的进程，农户的禀赋条件与其土地流转行为密切相关，而农地流转中的交易费用则决定了土地规模经营的效率（罗必良，李尚蒲，2010）；田凤香，许月明等（2013）从制度角度分析对土地适度规模经营的影响，发现现行的户籍制度、土地流转制度、社会保障制度以及金融制度都会影响农户的规模经营进程。

当土地规模经营面临制度性障碍时，与效率息息相关的分工与专业化便成为学者关注的焦点。以亚当·斯密为代表的古典经济学家将分工、专业化，视为经济增长的源泉，而农户规模的扩大趋势作为农业经济增长的表象，是源于专业化发展抑或是专业化发展的因缘，已有研究似乎并没有得出定论。农业规模经营的支持者将农户规模扩大，作为实现专业化、现代化经营的重要手段（姚寿福，2012），政策执行者则将扩大农地规模作为政策目标加以推动。然而，事实证明，依靠行政力量推动农地规模扩大取得的成效并不显著。萨默和沃尔夫（Summer & Wolf，2002）等试图从分工视角研究农户规模，发现其一体化程度与畜种规模具有显著的反向关系；高帆（2009）指出，基于农户自发选择的分工演进才是促进农民收入的根源，也是实现农业规模经营的重要保障；胡新艳，朱文珏等（2015）指出，在土地规模经营遭遇现实瓶颈的情况下，分工是农业规模经营方式创新的重要路径，同时从交易成本、行为能力两方面分析农户的分工决策。研究认为，农户的经营规模与外包行为存在倒"U"型关系。

此外，有学者考察了农户规模的演进过程。吉布拉（Gibrat，

1931）从动态视角考察了农场规模的演进过程，认为农场规模的演进是一个随机过程，与初始规模无关。然而，大多数实证研究均拒绝了农场成长的独立性假设。多列夫（Dolev et al.，2010）认为，吉布拉法则（Gibrat's law）之所以成立，是因为分析中忽略了技术效率（Dolev，Y.，Kimhi，A.，2010）。萨默和沃尔夫（Wolf & Sumner，2001）研究认为，农场规模与成立时间成反比，即农场成立时间越长，规模越小。威尔森克和陶尔（Weersink & Tauer，1991）采用格兰杰因果关系检验农场规模与生产力之间的因果关系，结果仅部分支持技术变化导致农场规模扩大的结论，更多的则是农场规模对生产力的促进作用。

2.4　本章小结

从已有的对农业分工演进的研究文献来看，研究视角从农业分工的产生、演进到经济效果的产生，几乎涵盖了农业分工作用过程的始终，研究视角的多样化对后来研究者从整体上把握研究框架提供了宝贵的借鉴。然而，就笔者所掌握的文献来看，尚没有研究者对分工演进的过程进行系统的分析，诚然，只集中于某一角度的分析的确可以获得更深入的结论，但这种管中窥豹的方式无疑也遗漏了许多关键的要素，导致研究所得出的政策启示存在一定的局限。规模经济是农户规模经营的理论基础，规模经济理论的本质在于通过扩大生产要素的供给实现经营效率的提高，而土地则是农业经营最重要的生产要素之一，也正因为此，目前对农户规模经营的实证研究多集中在土地规模与经营效率的研究上，而对于规模效率产生的根本原因却疏于深入探讨。基于此，本研究试图从分工视角分析农户经营规模的变化，以弥补现有文献的不足。

对分工和规模经济理论及相关文献的梳理可以初步得到如下逻辑

关系：分工深化是规模经济产生的源泉，而农业规模经营又以规模经济为基础，分工深化与农业规模经营以农户规模经济的实现为中介。基于已有文献的研究成果，本文以养殖业为例，分析专业分工与农户经营规模的互动关系。

第一，分工源于交换的倾向。在农业生产中，农户自身拥有的要素禀赋具有与生俱来的差异，正是这种差异引致了通过交换提高要素配置效率的可能性：要素约束方希望通过外部要素替代内部要素、提高效率，而要素富余方则希望通过要素交换实现经济利益。这种交换的意愿是农业分工产生的根源。

第二，交易成本制约了交换的实现，规模经济促进分工深化。交易成本的存在使要素供需双方的交换意愿不一定完全实现，只有当交换获得收益超过所付出的成本时，交换才会发生，农业生产要素的交换便产生农业分工，即农业生产性服务市场，要素的供求双方便是农业生产性服务的供给方和需求方。因此，农业分工能否产生，取决于生产性服务供需双方所得的分工收益能否超过其由于分工产生的协调成本，而农业分工能否持续深化，则取决于生产性服务供需双方能否实现规模收益。

第三，生产性服务市场的发展是农户参与专业分工的前提。经典的经济学理论认为理性农户的经营决策是基于成本收益比较的结果。即便生产性服务市场广泛存在，农户自身的禀赋特征和经营特性也使其享受到的分工剩余（分工收益与分工成本的差）有所差异，从而影响其专业分工决策。分析农户的专业分工决策，有助于把握农户经营行为的决定因素，为进一步促进农业规模化并深化农业分工提供客观依据，这是本文第 6 章研究的主要内容。

第四，专业分工影响经营效率并进而决定规模演化。已有的实证研究证实了专业分工对经营效率的正向促进作用，但其作用机制却鲜见分析，本研究的第 7 章主要目的之一在于验证养殖户的专业分工对经营效率的正向作用；目的之二便在于揭示专业分工对经营效率的作用机制。养殖户的专业分工决策进而影响其规模调整预期，本研究将在第 8 章中进行详细的实证检验。

第五，分工收益积累和规模经济效应有助于养殖户实现土地规模的跳跃式扩展。随着养殖规模的扩大，土地要素终将成为制约养殖户规模经营的关键因素。规模经营指土地规模的扩大，最重要的，则是现代生产要素的引进，由于部分生产要素的不可分性，达到一定的养殖规模是现代要素引进的前提条件。而养殖户通过分工可以实现依靠自有生产要素无法达到的养殖规模，这种分工收益的积累和由此所获得的规模经济效益，有助于养殖户实现土地规模的跳跃式扩展。

第六，市场规模反作用于分工深化。分工与市场规模的互动作用实际上是不可分的，而做如此划分，是基于分析的便利。随着农户规模的普遍增大，对分工演进的作用表现为两种路径：一方面，市场规模扩大，促进生产性服务供给的规模化和专业化，农户通过分工获得的分工和专业化溢价增大，从而增加分工需求；另一方面，农户的规模化经营使其通过资源积累和先进技术的引进，降低生产成本，要素禀赋约束相对降低，从而减少分工需求，出现一体化倾向。但随着农户规模的继续扩大，要素禀赋引致的分工需求会再次出现，并推动分工深化。

第 2 篇　分工深化与农户规模
演化的宏观机制

▶ 第 3 章 ◀

农户规模演化与现代农业发展

中华人民共和国成立 70 多年以来，中国政府一直非常重视"小农户问题"，在促进小农户参与现代农业发展中的责任演变和执行逻辑也在一直发生变化。姚贱苟（2020）梳理了 1949 年至 2019 年间小农户的命运变迁，以及各个历史阶段政府的主导责任，将这个时期国家在小农户参与现代农业发展的过程划分为三个阶段。

第一阶段，1949～1978 年，政府以政治责任为主导促进小农户参与现代农业发展。"统一与制约"，指导思想为"小农必然衰亡论"，通过行政主导的组织化和集体化消灭小农经济。造成的后果是严重束缚小农户的生产关系，农村难以兴旺，农业难以快速发展，农民长期贫困。

第二阶段，1978～2017 年，以经济责任为主导促进小农参与现代农业发展。以"效率优先"为指导思想，让一部分人先富起来，先富带动后富。政策结果是农户分化，城乡差距扩大，小农户参与现代农业有心无力

第三阶段，2017 年以后，以全面责任为主导，促进小农户有机衔接现代农业发展。

2017 年，党的十九大召开并在报告提出全面乡村振兴战略，正式提出要实现小农户和现代农业有机衔接，党的十九大报告全面论述了下一步如何建设中国的现代农业，其中提到了"实现小农户和现

代农业发展的有机衔接"，"小农户"这一提法，改革开放以来第一次在国家层面提到（陈锡文，2018），这说明在今后相当长的时间中，一家一户的小农户生产，将会长期存在。建设中国的现代农业，一方面，需要通过土地确权登记等手段鼓励农民流转自家承包地，探索"三权分置"等多种实现形式，推进集体经营性资产股份合作制改革，实现"资源变资产、资金变股金、农民变股东"，让小农户更多地分享产权制度改革红利，让农民成为改革的参与者、受益者；另一方面，通过各种形式的农业社会化服务体系构建，为小农户提供现代农业技术、经济服务，通过服务整合的方式将小农户融入现代农业经营体系中。

2018 年 2 月，中共中央、国务院联合颁发《关于实施乡村振兴战略的意见》并指出：当前我国发展不平衡不充分问题在乡村最为突出，并在文中专门提出促进小农户和现代农业发展有机衔接的具体措施。这些措施包括农村市场服务组织、农业社会化服务、小农户节本增效、小农户组织化、农业品牌带动小农户对接市场、扶持小农户生态化、多样化农业；促进小农户和现代农业发展有机衔接，直指构建现代农业产业体系、生产体系、经营体系的薄弱环节，抓住了提升农民获得感、幸福感、安全感的难点所在；对推进农业发展的质量变革、效率变革、动力变革，可以发挥画龙点睛的作用。

2018 年 9 月，中办国办印发《乡村振兴战略规划 2018 ~ 2022)》，其中一部分专门论述了"促进小农户生产和现代农业发展有机衔接"，具体提出了"关于小农户生产设施条件，抵御自然风险能力、联合与合作、小农户组织化、利益联结机制、社会化服务体系，一站式农业生产性服务业、农户承包地的用途监管和风险防范，涉农项目审查维护等维护小农户权益"的重要意见。

2019 年 2 月，中办国办印发《关于促进小农户和现代农业发展有机衔接的意见》，则专门围绕促进小农户和现代农业发展有机衔接这个主题任务进行了全面的论述，论述包括小农户和现代农业发展有机衔接的重要意义、总体要求、提升小农户发展能力、提高小农户组织化程度、拓展小农户增收空间、健全面向小农户的社会化服务体系、完善小农户扶持政策、保障措施这八个方面。

2019 年 2 月颁发《中共中央　国务院关于坚持农业农村优先发展，做好"三农"工作的若干意见》并指出"落实扶持小农户和现代农业发展有机衔接的政策，完善'农户＋合作社''农户＋公司'利益联结机制。加快培育各类社会化服务组织，为一家一户提供全程社会化服务"。

2019 年 5 月颁发《中共中央　国务院关于建立健全城乡融合发展体制机制和政策体系的意见》并指出"促进小农户和现代农业发展有机衔接，突出抓好农民合作社和家庭农场两类农业经营主体发展，培育专业化市场化服务组织，帮助小农户节本增收"。

2019 年 1 月，中共中央印发《中国共产党农村基层组织工作条例》，规定了组织设置、职责任务、经济建设、精神文明建设、乡村治理等事项，还特别提出"推动乡村产业振兴，推进农村一二三产业融合发展，让农民合理分享全产业链增值收益"。

2020 年 2 月颁发《中共中央　关于抓好"三农"领域重点工作，确保如期实现全面小康的意见》提出"将小农户纳入现代农业产业链"，着重强调了"依托现有资源建设农业农村大数据中心，进一步将物联网、大数据、人工智能等现代科技使用在农业发展道路上，通过科技助力小农户发展。"

2021 年 1 月 11 日上午，省部级主要领导干部学习贯彻党的十九届五中全会精神专题研讨班开班，习近平总书记发表重要讲话强调：要深入学习、坚决贯彻党的十九届五中全会精神，准确把握新发展阶段，深入贯彻新发展理念，加快构建新发展格局，推动"十四五"时期高质量发展，确保全面建设社会主义现代化国家开好局、起好步。

农业领域，充分发挥创新、协调、绿色、开放、共享的新发展理念在农业现代化进程中的引领作用，对于加快推进农业现代化至关重要。引导小农户融入现代农业，创新农业经营模式、促进农业内部和城乡协调发展、推广普及绿色环保的农业生产方式、深化开放统筹利用国际国内农业市场和资源、在城市和农村及农村内部不同群体之间以包容发展的形式使小农户共享农业现代化成果，是新发展理念的重要体现，也是构建新发展格局，切实转变农业发展方式，推动质量变革、效率变革、动力变革，实现更高质量、更有效率、更加公平、更可持续、更为安全的农业发展的必然要求。

在乡村振兴过程中，小农户作为主体之一，关系着农业生产经营，是乡村发展和治理的直接感受者。基于此，小农户和现代农业发展的衔接，不仅是乡村振兴战略的需要，而且是乡村振兴战略中重要组成部分之一。

3.1 小农户融入现代农业的必要性和必然性

关于小农户的内涵，最早的观点源于马克思主义学派提出的阶级小农观点。该学派着重强调地主与小农之间的剥削与被剥削的关系，将小农定义为以家庭为单位从事生产经营活动且社会地位较低的一类群体；以恰亚诺夫等为代表的实体主义学派则强调小农生产的自主性，即小农的家庭生产活动只为满足日常需求，而不以追求最大利润为生产目标；以舒尔茨等为代表的形式主义学派更倾向于强调小农的"经济人"属性，意味着可以通过经济手段刺激小农的生产行为，实现生产创新。小农历史发展至今，关于小农的概念界定问题也在实践中不断被订正。黄宗智等提出的综合小农观点认为，小农主要是阶级和社会两大体系融合下的产物，不仅为自给自足，且为平衡市场供需而进行相关生产活动。本文所讨论的小农户是相对于家庭农场、专业大户等新型农业经营主体而言，农业生产大多由家庭成员组织或完成，农业收入在家庭收入中占较大比例的传统经营农户，包含完全从事农业生产的农户和兼业农户中以农业收入为主的一兼农户。

根据我国第三次农业普查，我国经营规模在 50 亩以下的农户有近 2.6 亿户，占农户总数的 97% 左右，户均耕地面积 5 亩左右（叶敬忠，2018）。以土地经营规模 50 亩为标准，全国经营规模在 50 亩以上的新型农业经营主体约 350 万个，经营耕地总面积约 3.5 亿亩，新型农业经营主体平均经营规模 100 亩左右。由此可见，无论学术界还是政策界都公认的一个事实是，传统小农户将在未来很长一段时间内构成农业经营主体的主要部分。因此，在现代农业蓬勃发展的大背景下，探讨小农户融入现代农业的必要性就显得尤为重要。

3.1.1　小农户的经营特点决定了其必须融入现代农业

小农户不仅是我国农业经营体系中最基本的单位和组织，也是农村发展中的重要经济成分之一，其将经济、社会等多项功能融为一体，主要以家庭为生产单位与社会、农业市场等建立了紧密的联系。与其他经营主体相比，小农户的生产经营活动呈现出如下特点。

3.1.1.1　小农户的生产经营活动抗风险能力弱

相较于其他产业，农业经营活动存在较多风险，主要由自然条件、市场风险、技术风险等三方面因素组成。对于自然风险问题，刘嘉琪指出，农业生产经营与水资源、土壤肥沃度、气候条件等自然因素紧密相关，虽然目前我国拥有的农业技术已为小农解决了较多生产难题，但例如地震、水涝等灾难引发的生产危机，对小农户生产的影响时间长且程度深，因此，在目前和未来较长时间内，我国部分地区影响小农户生产的主导因素依然是自然条件。对于市场风险问题，宋建平（2019）指出，农产品供给与市场需求、小农户与政府间的信息不对称问题导致小农户难以及时且准确地收集和分析市场信息，进而产生了谷贱伤农、政府政策实施效益低等现象。对于技术风险问题，卢洋啸（2019）指出，虽然新型技术可较大程度地提升农业生产效率，增加农业收益，但年龄较大的小农户缺乏对现代科学技术的认知，会因规避经营风险而拒绝采用新技术生产，还有部分小农户考虑到新技术所需经济成本的问题，仍会选择传统生产方式。

3.1.1.2 小农户的生产经营活动主要呈现出逐利性、避险性以及理性化的特征

首先，我国小农户的自主规模经营缺乏行动力，由于要适应农业内外部环境的影响和应对小农户自身规避风险的需要，小农户为追求利润最大化，其从事规模经营行为的可能性较小（王松梅，2019）；其次，对于缺乏资金和技术支持的小农户而言，较难适应大规模土地流转的经营要求，进而会选择采取劳动力兼业、资金借贷等措施维持经营。

3.1.1.3 小农户在市场交易和信息获取过程中处于弱势地位

首先，由于小农户的生产行为受到交易成本、交易对象选择等多因素的影响，小农户独自进入市场和相互协作的能力不足，小农户在谈判或交易过程中易处于弱势地位；其次，小农户普遍具有较低的契约意识，当面临交易价格和契约选择时，小农户更偏向于追求利润最大化的经营目标。

3.1.1.4 小农户缺少农业经营资金支持

由于农业生产具有较强的季节性，小农户的贷款需求也随之波动变化。虽然近年来国家针对小农户贷款提出了多项扶持政策，但受到地区经济发展状况的影响，许多小农户仍面临融资难、融资贵、资金需求难以被满足等问题。

小农户的生产经营呈现出以上特点，国内外学者们认为主要有以下四方面原因。其一，小农户意识强烈，且多缺乏合作意识，农业经

营规模较小，大多仅以满足自身生活所需，缺乏积极进取的精神，且在家庭联产承包责任制和经济理性等观念的影响下，小农户经营的局限性还将继续加深（阮文彪，2019）。其二，土地制度改革缺乏创新。由于部分村落的村集体拥有土地的所有者权益和发包权，小农户的土地规模及使用权受限，因此，小农户不愿将资金、技术、劳动等生产要素投入农业生产活动中（崔红志、刘亚辉，2018）。其三，因为土地承包权不明确，利益联结机制和分配机制不完善，农村土地流转率也同时减缓。此外，我国有关土地承包经营权的法律制度仍需完善，例如，土地流转期限与承包经营权时间的关系模糊，土地流转的空间较小，土地承包过程中对于可抵押物的范围没有明确规定等。其四，小农户经营中劳动力兼业化趋向严重。由于在农业生产中大量投入资金、技术，劳动生产率逐渐提高，致使出现部分农村剩余劳动力，小农户为维持家庭基本开销，大多理性化选择兼业，由此，小农户生产的专业化程度降低。其五，农业基础设施建设不完善，虽然近年来社会中相继涌现出许多服务组织，但在一些小农户密集区或山区，农业基础服务设施落后，大多服务组织的服务对象主要是个体私营户，着重为其提供私人服务，且这些个体私营户主要为小农户生产提供农资、农机服务，对于病虫防治、灾害预防等方面的服务较大程度上仍处于空白状态，由此导致小农户的各项权益均不能得到充分保障。

3.1.2　农业政策的持续支持为小农户融入现代农业提供了条件

自中华人民共和国成立以来，"大国小农"便是中国农业面临的基本国情（刘宪法，2014）。在探索农业现代化的道路上，学术界和政策界曾一度将小农与现代农业置于对立面，认为中国农业现代化的根本出路就在于消灭小农和小农经济（赵磊，2005）。

我国农业发展至今，是一个动态化的演变过程，自中华人民共和国成立以来，为改善小农户生产的局限性，国家先后提出了人民公社化和家庭联产承包责任制。其中，人民公社化的实践是基于马克思和恩格斯在《马克思恩格斯选集·第4卷》（1995）所提出的小农理论，家庭联产承包责任制则是一种自下而上的改革，小农、国家、村集体三方形成利益联结体。这两次政策变革为小农生产提供福利的同时，小农的行为也提升了生产绩效并推动了国家经济社会的发展。

　　具体而言，人民公社化又可被认为是对小农户消灭式改造的实践运动，政策要求实现农耕工具、生产资料等的集体化，且要求小农户积极加入人民公社（何宇鹏、武舜臣，2019）。这场运动从根本上改造小农户的生产等行为活动，小农户生产由传统的家庭式经营向集体式转变，生产物料分配方式、所有制形式也都相应发生变化。然而，人民公社化虽然加强了小农户与集体间的联系、提升了小农户的组织化，但是却违背了社会生产力的发展要求，不适应中国长期坚持的以家庭为生产单位的农耕结构，最终变革失败。随着中国经济社会的发展，国家在十一届三中全会后要求全面实施家庭联产承包责任制的政策。我国是农业大国，农业发展历史悠久且根基稳定，家庭联产承包责任制的提出则是基于此实际情况而提出的升级式改造（叶敬忠，2019）。由于我国小农户发展还存在生产规模小、小农户意识强烈等问题，因此，为使小农户发挥对中国经济社会的调节作用，家庭联产承包责任制一定程度上也保留了传统的小农户生产方式。现在我国较多地方对小农户生产的改造主要体现为"企业 + 小农户"的方式，农业企业发挥带头作用，创新"企业 + 小农户"的利益联结机制。在小农户与农业企业之间，涵盖基于买卖农产品的自由交易关系、基于农业订单合同的合作关系、基于农业生产要素交换组合的契约关系三种形式。小农户借助企业的信息、技术、资金等优势，不仅更为精准地获取了市场供需信息，精耕细作的生产方式所获得高收益也实现了双方的共赢。家庭联产承包责任制的实施，使得小农户兼具传统分散经营和现代化高效率的生产特征，一定程度上改善了小农户生产过程中的局限性，但仍存在缺少规模效益、普适性不足等客观问题。目前，我国学者提出小农户的发展应实现与农业现代化发展的有机结合，主要表现为投入更多的资金要素以替代原生产活动中的劳动要素。

综上所述，农业现代化发展是动态的过程，实现小农户与现代农业的有机衔接任重道远。区别于传统农业，农业现代化的变化主要体现为资本要素投入不断取代劳动要素的投入。然而，在中国农业长期发展的过程中，小农户的生产经营逐渐暴露出规模小、技术含量低等生产局限性。为改善上述问题，国内外学者提出了自己的见解，并从产权视角、交易成本等方面进行了相关的理论研究。

3.2 小农户融入现代农业的理论探索和现实困境

3.2.1 小农户融入现代农业的理论探索

在我国农业发展的较长时间内，小农户与农业现代化的有机衔接问题一直被认为是我国农业现代化的难点。以家庭为生产单位的经营形式长期占据我国农业生产经营形式的主导地位，而农民合作社、龙头企业等作为小农户与农业现代化的有机衔接体，则长期处于非主导地位，被认为是家庭联产承包经营形式的补充。目前，国内外相关学者针对小农户与农业现代化衔接的矛盾问题，主要从产权、交易成本、生产要素补充等多方视角提出了自己的见解。

3.2.1.1 交易成本理论

交易成本理论最早于 20 世纪 30 年代由科斯提出：交易成本主要由获取市场信息的费用和谈判交易时发生的成本构成，可总结为搜寻市场信息的成本、交易双方谈判的成本、交易双方的缔约成本三部分内容。交易成本是伴随着市场交易活动而产生的，它与市场交易次数呈正相关关系，交易次数越多，交易成本也越高。

将此理论运用至研究小农户融入现代农业的问题中可得出，小农户在农业生产经营过程中，须与市场相关主体频繁发生交易活动，且需要自行承担所有交易费用。然而，小农自身势单力薄，必须适当借助农民合作社的力量，以整体形式进行交易，从而减少交易次数，最终达到降低交易成本的目的。此外，由交易成本理论还可得出，当小农户自发加入农民合作社的同时，以农民合作社的实力可使得组织内每位小农户的收益增长，且不断提高小农户在市场交易活动中的话语权，以最大限度地降低交易次数。其次，由于获取市场信息的小农户主体增多，信息搜寻成本也会降低，这对农民合作社的发展起到了良好的激励作用。

3.2.1.2 产权交易理论

产权交易理论最早在古典经济学时期被提出，随着历史发展，现在多以威廉姆森提出的交易费用理论为主，阐述了产权和生产要素配置间的关系以及对农业生产经营活动产生的影响。威廉姆森指出，产权是一种建立在经济基础上而形成的彼此信任关系，对于农业生产经营中的各主体而言，产权被认为是对经济财产的行为权利，其中还包括物品所有权、使用权以及占有权等较多不同的权利。产权的可交易性不仅是产权问题的基本特点，实现产权交易还能在一定程度上优化产权结构并由此提高农业经济效率。

目前，对于该理论的应用主要体现在农地产权交易中，在三权分置和相关农业制度的影响下，小农户之间通过农地经营权交易等活动，既实现了农地产权结构的优化升级，也加快了实现小农户财产权益的步伐。在此过程中，小农户的农地资源配置效率得以提升，农地资产价值也得以增长。

3.2.1.3　农业资源配置理论

根据资源配置理论，在经济学中，资源有狭义和广义两种定义。狭义的资源被定义为一定区域内的各类自然资源，广义的资源则被定义为能够满足生产所需的经济资源和生产要素。一般而言，某地区资源的合理配置与该地区经济发展呈正相关关系，实现资源合理配置的最终目的也是期望资源能够被最大化利用。由于我国农业具有"双弱性"特点，农业发展对自然资源的依赖度较高，且农产品市场属于完全竞争市场，受到信息不对称等因素的影响，农产品市场时常发生供需不平衡和过度竞争的状况。小农是"经济人"，小农户在市场交易中，更倾向于选择低风险、高收益、低成本的合作，为实现规模效益，小农也不断寻求最为低廉的农业生产要素配置的方式。

综上所述，交易成本理论、产权交易理论和农业资源配置理论的提出，均建立在相应的农业生产基础之上，虽然上述理论解决了小农户融入现代化农业过程中存在的一些问题，但在实践应用中，仍受到自然环境、资金、技术等不同条件的约束，使得实践结果偏离预期值。然而，经由几代人的不断探索，许多成功的农业发展模式相继涌现。

3.2.2　小农户融入现代农业的现实困境

目前，我国小农户发展主要存在小农意识较强、劳动生产率低下、现代农业生产要素投入不足、发展规模小等问题，不符合农业现代化发展所要求具备的信息化、机械化、商品化等特征，具体体现为以下几点。

3.2.2.1　小农户经营的局限性

目前，我国小农户经营困难的问题普遍存在且成因各异，具体表现为经营成本高、风险大、收益低三方面，长期制约着小农户的发展。针对经营成本高的问题，阮文彪等学者指出其主要体现为生产原料成本高、机械作业成本和劳工成本持续上涨三方面。国家发展改革委所提供的数据显示，以玉米、小麦、水稻为例，三种农作物的每亩成本逐年上涨，其中水稻和玉米的亩利润逐年下跌，小麦的亩利润近五年来涨幅波动较大。小农户作为单个生产主体，一方面较难准确并及时地获取市场信息，另一方面，由于中间商等经营主体的阻碍，小农户与农产品收购商等对象的交易成本逐渐升高，小农户在一定程度上成为农产品价格的被动接受者。此外，小农户在生产经营中，由于自然风险不可抵抗，市场风险难以预测、技术风险难以突破等条件限制，使得生产活动中所造成的损失具有不可逆性，且随着近年来经济的迅速发展，传统农业的地位逐渐动摇，农业经济效益不断下降，农村"空心化"现象严重。

3.2.2.2　土地改革制度缺乏创新

受我国"人多地少"基本发展现状的影响，在实现农业现代化的过程中，我国农业长期发展仍需坚持以小农户为主的家庭经营模式。目前，在土地制度方面，我国农村主要实行土地集体所有制基础上的家庭联产承包责任制，一定程度上契合我国的农情发展。然而，在土地制度方面仍存在土地承包权不明确、经营权不完善且实现难度较大等多方面问题。由于部分村集体拥有土地的所有者权益且持有发包权，影响了农户个人所承包的土地规模及使用权，小农户因此不愿将资金、技术、劳动等生产要素投入到农业生产活动中，进而造成了农业生产效率低下，阻碍了农业的健康稳步发展（崔红志，刘亚辉，2019）。有的村集体，土地承包权不明确，利益联结机制和分配机制不完善，农村土地流转率也同时减缓。当前，我国有关土地承包经营权的法律制度仍需完善，例如，土地流转期限与承包经营权时间的关系模糊，土地流转的空间较小，土地承包过程中对于可抵押物的范围没有明确规定等。

3.2.2.3　农业基础设施建设不完善

在我国目前的农业生产体系中，农民合作社是连接小农户与农业现代化发展的重要载体之一，但农民合作社的发展仍存在规模较小且领导能力弱等问题，在部分经济条件相对落后的地区，甚至会出现冒名或虚名形式的合作社，其发展主要是借助农民合作社的名义获取政府或银行资金、政策等扶持。近年来，虽然社会上相继涌现出许多服务组织，但在一些小农户密集区或山区，农业基础服务设施落后，大多服务组织的服务对象主要是个体私营户，着重为其提供私人服务，且这些个体私营户主要为小农户生产提供农资、农机服务，对于病虫防治、灾害预防等方面的服务较大程度上处于空白状态，由此导致小农户的各项权益均不能得到充分保障。

综上所述，我国小农户融入农业现代化的困境除上述几点外，还存在小农意识强烈、农村人口老龄化比例逐年增长、农村"空心化"、小农户之间的合作意识弱等问题。2013 年以来，国家开始大力培育新型农业经营主体。小农户融入现代农业的过程中，现代化农业大规模、高效率以及低成本的需求让小农户与生俱来的生产经营问题逐渐浮出水面：耕地面积小且分散，限制了现代机械技术的应用效率；随着社会化服务体系的不断完善，市场的分工深化为小农户参与社会分工，共享分工溢价带来了一定的可行性。可是，农户规模过小以及社会化服务提供者对规模效益的追求之间的矛盾限制了小农户随时随地参与社会分工体系，在一定程度上将小农户排斥在社会分工体系之外。由此，在探究小农户融入现代农业的困境问题上，必须立足我国农情以及地区发展差异。

3.2.3　小农户融入现代农业的发展阶段

从中国的现实发展和理论研究来看，对于小农与现代农业之间的关系究竟为何，历史上大致经历了三个阶段。

3.2.3.1 "小农消亡论"主张阶段

此阶段的特点是对标欧美规模化农场，倡导大规模减少小农户数量并发展规模农业；推动规模化农业发展，推动土地流转和城镇化建设。家庭联产承包责任制实行初期，学术界提出了农户家庭经营合理性的理论观点，为长期坚持和完善家庭联产承包责任制做出了贡献。随着农业现代化的推进，特别是进入 20 世纪 90 年代后，理论界对小规模农户经营农业的合理性认识逐渐消减，普遍将小农户理解为"传统小农"，并秉持"小农消亡论"，认为小农户与现代农业不兼容，必须以规模化经营主体替代小农户。此阶段的实践必须回答的一个现实问题是：从农业中转移出来的劳动力如何实现稳定就业？社会是否可能因无处就业人口激增而发生剧烈动荡？即便大力发展城镇化，农民就业问题依然难以解决。对此，习近平总书记 2016 年 4 月 25 日在农村改革座谈会的讲话中指出：改变分散的、粗放的农业经营方式是一个较长的历史过程，需要时间和条件，不可操之过急，很多问题要放在历史大进程中审视，一时看不清的不要急着去动。

3.2.3.2 小农优势论普及阶段

此阶段承认小农经营存在先天的优势，因此，发展现代农业需要依托小农户的发展力量，主要观点为发挥小农户生产的优势，同时通过提高组织化水平帮助小农户应对大市场的衔接。

理论界对于小农户的普遍关注，起源于习近平总书记对 2017 年 3 月 6 日《北京日报》第 18 版《小农生产过时了吗》一文的批示。在文中，作者的基本观点是，小农在农业生产领域具有无可比拟的优势，并未过时，中国农业现代化不能抛弃"小农经济"（这里的"小农"就是指小农户）。党的十九大报告提出"实现小农户和现代农业发展有机衔接"和"发展多种形式适度规模经营"，这意味着，未来较长一段时期内，中国推进农业现代化的基本导向不是排挤小农户，而是要立足于小农户，引进新要素和新技术发展农业现代化（陈奕山，2021），小农户与现代农业发展有机衔接，成为"三农"理论和政策研究的焦点。从 2013 年提出发展家庭农场等新型经营主体以来，学术界就开始关注新型经营主体对小农户的带动作用。在此阶段，产生了农业合作社、家庭农场、农业企业等多种形式的新型经营主体，通过新型经营主体对小农户的带动作用，实现小农户与大市场的对接，让小农户也能享受现代农业的经营成果。据 2016 年底农业农村部对家庭农场的专项统计调查数据，全国家庭农场数目超过 87 万家，龙头企业 13 万家，公益性服务组织超过 100 万家。政策倡导通过培育新型社会化服务主体，推动农业生产规模化经营，出现了诸如互换并地、土地托管、联耕联种等新的规模经营形式。基于以上政策和制度安排，我国小农户从总体上已经被引入现代农业发展轨道。2007年，我国农业科技进步贡献率为 17%，2017 年提高到 57%，平均每年提高 1 个百分点。从农业土地生产率来看，在 2007 年到 2017 年的十年中，主要作物单产提高幅度是：小麦 26%，玉米 11%，稻谷10%，棉花 31%。从农业劳动生产率来看，在 2007 年到 2017 年的十年中，全国人均 GDP 增长了 2.2 倍，而农业劳动生产率增加了 3倍。农业劳动力减少了 1 亿人，但所创造的农业增加值总量是原来的2.7 倍（崔红志，刘亚辉，2018）。

3.2.3.3　主张以小农自组织，共享服务的方式参与现代化建设

2021 年以来，我国进入了全面建设社会主义现代化，从全面小康迈进共同富裕的新时代，加快农业现代化进程，补齐农业农村发展短板迫在眉睫。对小农户问题的解决开始注重农户的自组织，并通过共享社会服务和社会支撑的方式参与农业现代化建设（芦千文、苑鹏，2021）。

在新时代，促进小农户与现代农业发展的有机衔接，需要准确把握小农户的动态演变特征，对于一部分有规模化、专业化意愿的农户

给予优先支持，对有渐进性退出意愿的农业生产经营主体提供持续性和弥补性的要素投入，诱导小农户有序退出。同时，为小农户组织化提供制度保障和服务支撑，帮助小农户主动参与现代农业产业链、供应链、价值链，提高现代农业发展能力，让农户能够共享产业融合的增值收益。因此，在现有政策的侧重点上需要有所调整，如注重支持社会化服务体系的健全和完善，以此来支持小农户自主参与，实现小农户与现代农业的有机衔接，从而引导部分农户退出农业转向支持小农户参与现代农业产业链，实现多元化成长壮大；从加强现有农业从业人员的教育培训转向与培育培养新一代农业从业者并重转变。

实现小农户与农业现代化发展的有机衔接，其核心是构建多方共赢、激励相容的农业经营方式。作为一个拥有十四亿人口的大国，"大国小农"是我国现代化农业发展的基本农情。近年来，随着各类强农、惠农、富农政策的相继提出，小农户作为实现农业现代化的重要参与者，在此过程中掌握了更多的主动权，原有的弱势地位也因此得以小幅提升。自党的十九大会议中提出要实现小农户与农业现代化的有机衔接以来，促进二者的衔接不仅被认为是巩固和完善我国农村基本经营制度的关键措施，也是持续推动我国特色社会主义农业现代化、落实乡村振兴发展战略和稳固我党执政基础的客观要求。2020年，中央一号文件（《中共中央国务院关于抓好"三农"领域重点工作确保如期实现全面小康的意见》）进一步明确指出，要促进小农户融入现代农业产业链，加快农村转型发展步伐。要实现小农户与现代农业的有机衔接，其核心措施是构建多方共赢、激励相容的农业经营方式，只有政府、市场、农户多主体共同合作，才可能实现。

3.3 本 章 小 结

小农户与农业现代化有机衔接，本质是赋能的过程，其重点在于契约形式。目前，我国小农户与现代农业发展的关联度较低，小农户发展仍面临生产资料不足、生产技术落后、推销渠道单一等问题，实现农业转型任重道远。因此，未来对于小农户与现代农业的有机衔接问题研究应多关注于以下三方面：其一，探究新型农业经营主体的培育与发展机制，健全农业服务体系，以便于更好地为小农户的发展提供技术服务、资金支持、实践培训服务等；其二，探究资本管理与农村发展的关系，积极引导和鼓励资本下乡，严格审核工商资本与农村资源的匹配度，保障我国农业生产安全；其三，探究适度规模经营的创新形式，使得农业规模经营不局限于以土地为主，进一步将其拓展到农业生产资料、生产技术、农产品推销等一系列农业生产经营活动中，构建多方共赢、激励相容的新型农业生产经营模式。

第 4 章

分工深化与农业效率改进

4.1 理论分析与研究假设

马歇尔（1890）在《经济学原理》一书中论述了规模经济形成的两种途径：依赖于个别企业对资源的充分有效利用、组织和经营效率的提高而形成的"内部规模经济"；依赖于多个企业之间因合理的分工与联合以及合理的地区布局等形成的"外部规模经济"。这两种规模经济形式，与农业经营发展中的农户规模经营和农业社会化服务的发展分别对应，为本文的分析奠定了理论基础。

改革开放尤其是党的十八届三中全会以来，党和国家采取了一系列改革措施和强农惠农政策，包括农村土地流转制度改革、农村集体产权制度改革、农产品流通体制改革、农业科技推广体制改革、农业社会化服务体制改革、农业农村教育体制改革、工商行政管理制度改革等，大大改善了小农户经营的市场环境，提高了小农户的生产经营能力和市场化程度，促进了农民收入增长。与此同时，农业大户的比例和作用在逐步提升，合作农场、公司制农场等其他新型农业经营主体也在不断涌现，农业经营主体格局不断优化，正朝着适应现代化农业发展的方向演变。

提高农业大户、大型农场等的比例，离不开土地、劳动、投资等要素与生产条件（生产资料、生产工具）和社会条件（耕作制度、经营方式等）的协调与配合。从理论分析和现实证据来看，通过农地流转推动农业规模经营的实施效果并不明显，随着时间的推移，产权不明晰、机制不健全等问题会严重阻碍小农户向规模农户转变，放缓现代农业发展的步伐。为此，不少学者开始批评这一思路，认为通过农地流转达到规模经营，进而实现农业现代化的理论逻辑（杨成林，2015）仅适用于西方农业发展，强加给中国，只会产生反向作用，从而说明单纯依靠土地流转发展农业规模经营，不一定能获得更高的生产效率进而推动小规模农户融入现代农业的发展。正如杨格（1928）指出，内生于经济增长过程中的规模经济并不是其根源所在，分工水平的高低才是经济增长的决定性力量。实现农业现代化，需要从强调单一的土地要素转向多要素投入的均衡匹配，从仅考虑生产成本改为同时兼顾生产成本和交易成本，从只关注内部规模经济性到关注社会分工深化带来的报酬递增机制（罗必良，2017）。

对于农户来说，追求经营利益最大化是其长期以来的决策目标。在农村土地规模经营面临困境的现实背景下，通过农业社会化服务的发展实现服务规模经济，成为小农户融入现代农业经营体系的又一选择。随着非农就业机会不断增多以及农业生产性服务市场日渐成熟，越来越多的农户出于成本收益的考虑，选择将部分生产环节交由市场完成，从而将土地规模经营向服务规模经营转化。相对于土地规模经营，服务规模经营不受人地关系和农地制度的强约束条件制约，因而，服务规模经营更具有普遍性和发展潜力（李春海等，2011）。

农户参与服务外包，本质上是人力资源配置方式的根本变化，是资源配置和生产组织的新形态（江小涓，2008；程大中，2010）。已有的大量研究证实了农业分工和市场的发展对提升劳动生产率及技术效率有重要的推动作用。陈超等（2012）、张忠军等（2015）通过对水稻生产的研究发现，生产环节外包有助于提高农业生产各环节的平均生产效率，不同类型的生产环节外包对生产率的影响存在显著差异；姜松等（2016）利用村级层面数据实证研究了灌溉服务、机耕服务以及病虫害防治服务对土地规模经营的促进作用；扬子等（2019）基于2016年中国家庭追踪调查（CFPS）的数据，验证了农业社会化服务对农户土地转入具有正向的影响，得出了农业社会化服务有助于推动土地规模经营的结论；魏修建等（2015）研究发现，农业生产性服务业的发展对农业生产效率具有提升作用；彭柳林等（2018）研究发现，机耕、机收等社会化服务可以显著降低年龄对粮食劳动生产率的影响；郝爱民（2015）、杨万江等（2017）也从不同角度验证了农业社会化服务对农业生产效率的促进作用。

基于以上研究，本文提出如下研究假说：

研究假说一：从宏观上来看，农业社会分工的深化可以提高农业经营效率。

农业分工表现为服务外包市场的繁荣和农业社会化服务市场的健全，农业分工的深化使服务规模经营成为土地规模经营的中间形式，服务规模经济规避了农业自身由于生命节律、季节特性等天然因素对农业分工的限制；农业分工也是中国土地细碎化、经营分散化，小农户长期存在现实背景下走向规模经济的一种必然选择。农户通过参与社会分工，实现迂回生产，可以获得分工经济溢价，内生出服务规模经济性，从而实现生产效率的改进（罗必良，2017）。农户可以通过外包、购买中介社会服务等方式借助市场释放部分劳动力，进而提升经济效益，并有可能融入现代农业价值链条中，分享现代农业的成果。伴随着农业分工深化的发展，农业产业链中各经济主体之间联系不断得以加强，社会化服务对农业生产规模经济的影响将日益凸显，具体表现为两个方面：（1）农业规模经济整体增进源于分工环节间的互动均衡，分工服务冲击了农业经营单位内部分工，使农业规模经济获得多重来源；（2）纵向服务深化对实现农业规模经济存在促进效应，农户参与产后服务的合作比例越高，农业生产的边际成本和平均成本越低。在产中服务投入效率与中间品投入效率的正向冲击下，农户生产规模会显著扩大，从而实现规模经济（马雅恬等，2022）。

基于以上分析，本文提出如下研究假说：

研究假说二：从微观上看，农户可以通过参与农业社会分工，提高经营效率、改变经营决策，最终实现从小规模经营到规模经营的跃迁。

4.2 模型设定与变量选择

4.2.1 模型设定

本部分实证研究的重点在于从宏观层面考察农业分工程度对农业经营效率的影响。农业经营以利润最大化为目标，农业生产需要投入三种要素：劳动"L"，土地"T"和资本"K"。劳动即农户家庭劳动投入时间，假设劳动力市场中的劳动力是同质的；土地即农业经营面积大小衡量，土地市场中的土地也是同质的。资本是农业生产中用于购买种子、化肥、农药、农机等的费用。农业分工深化的发展主要表现为服务外包市场的繁荣和农业社会化服务市场的健全。随着农业分工的深化，农业经营也可以通过购买中介服务改善农业经营效率。理论上说，农业分工深化对农业经营效率具有显著影响，除此之外，农业经营效率还受其他控制变量的影响，如农业政策、自然资源和地方经济发展水平等。

因此，基本方程设定如下：

$$\text{Lnpdf}_{it} = \alpha_1 + \beta_1 \text{Lndivis}_{it} + \gamma_1 \text{Controls}_{it} + \varepsilon_{it} \qquad (4.1)$$

其中，被解释变量 pdf_{it} 是各地区农业生产的全要素生产率，核心变量 divis_{it} 是农业分工程度，Controls_{it} 是控制变量集合。

4.2.2 变量选择

4.2.2.1 因变量：农业经营效率

农业经营效率是农业经济增长的源泉，主要取决于投入与产出的关系。早期的经济学将劳动、资本、土地等生产要素作为促进经济增长的核心力量；随着社会的不断进步，传统的要素增长理论无法全面完整地解决各类经济增长情况，经济学家需要解答如何在规模受益不变的情况下回答产出增长率超过投入增长率的问题。1956 年，索洛（Solow）提出了索洛剩余，将劳动、资本对产出贡献的剩余作为全要素生产率（TFP），指出了外生技术带来的经济剩余。随后，TFP 理论不断完善，TFP 的测度方法也有了较多的研究。

关于农业全要素生产率测算的研究，一般可以根据侧重点不同，划分为两种类型：一是基于微观数据的 OLS、Feral、LP、OP 等方法；二是基于宏观数据的算法，如经济计量法、增长会计法等。作为建立在古典增长基础之上的方法，增长会计法的优势在于计算简单，但由于假设约束条件太多而限制了其广泛应用；经济计量法过程较复杂，其中潜在产出法是一种改良过的经济计量法，也被称为边界生产函数法，是通过投入和产出变化以及边界生产函数的位移来度量全要素生产率的计量方法。根据距离函数和边界生产函数方法的差异，边界生产函数可进一步划分为：参数随机边界分析（SFA）和非参数数据包络分析（DEA）。现阶段，Malmquist 指数法是应用最广泛的一种非参数包络分析法。首先，Malmquist 指数法不需要经济均衡为假设条件，且不用要素价格信息，理论约束较弱；其次，能够运用技术进步和效率变化来表示全要素生产率，能够提供更为全面的信息。

DEA – Malmquist 方法是在全要素生产率测度方法的基础上衍化出来的一种用于测算效率动态变化，并对其进行分解的有效方法。Malmquist 指数不仅可以弥补 DEA 模型只能分析静态效率的缺陷，还可通过分解 Malmquist 指数更准确地判断效率值随时间波动的主要因素。本研究将每个省份看作一个决策单元（DMU），用 Malmquist 指数表示每个决策单元在 t 时刻至 t + 1 时刻的全要素生产率动态变化，Malmquist 指数的计算公式为：

$$M(x^{t+1}, y^{t+1}, x^{t}, y^{t})$$

$$= \left[\frac{D^{t}(x^{t+1}, y^{t+1})}{D^{t}(x^{t}, y^{t})} \times \frac{D^{t+1}(x^{t+1}, y^{t+1})}{D^{t+1}(x^{t}, y^{t})} \right]^{\frac{1}{2}}$$

$$= \underbrace{\frac{D^{t+1}(x^{t+1}, y^{t+1})}{D^{t}(x^{t}, y^{t})}}_{\text{技术效率变化指数}} \underbrace{\left[\frac{D^{t}(x^{t+1}, y^{t+1})}{D^{t+1}(x^{t+1}, y^{t+1})} \times \frac{D^{t}(x^{t}, y^{t})}{D^{t+1}(x^{t}, y^{t})} \right]^{\frac{1}{2}}}_{\text{技术进步指数}}$$

$$= \text{effch} \times \text{techch} \tag{4.2}$$

其中，(x^{t}, y^{t})、(x^{t+1}, y^{t+1}) 分别为 t 期与 t + 1 期农业产业投入与产出之间的函数关系，D^{t}、D^{t+1} 为距离函数。若 M > 1，表示 t + 1 期相对 t 期的全要素生产率是上升的，全要素生产率随年份增加而提高；反之，则表示全要素生产率下降。

当规模报酬可变时，effch 指数可拆分为纯技术效率变化指数（pech）和规模效率变化指数（sech），即：

$$\text{effch} = \text{pech} \times \text{sech} \tag{4.3}$$

对 Malmquist 指数进行层层分解，即将造成效率变动的因素进行逐步分析，进而全面且准确地探析 TFP 的动态演变情况。综上可得：

$$\text{tfpch} = \text{effch} \times \text{techch} = \text{pech} \times \text{sech} \times \text{techch} \tag{4.4}$$

根据已有文献，选取如下投入、产出指标：

表 4 – 1　　　　　　　　**农业生产投入产出指标**

指标类型	指标名称	计算方法
投入指标	土地投入要素（land）	用各省年度粮食播种面积来表示
	化肥投入要素（fertilizer）	用各省实际用于粮食生产的农用化肥施用量来表示
	机械投入要素（machine）	用各省粮食生产的机械动力（农用机械总动力根据粮食播种面积/农作物播种面积）来表示

指标类型	指标名称	计算方法
投入指标	劳动力投入要素（labor）	用各省农业劳动力数量来表示
产出指标	粮食总产量（output）	用各省年度粮食总产量表示

4.2.2.2 自变量：农业分工程度

农业分工表现为服务外包市场的繁荣和农业社会化服务市场的发展。对于农业经营者来说，参与社会分工的方式主要为生产外包或购买农业社会化服务。相应地，用两个指标来测度农业分工程度。

一是迂回生产程度。张露等（2018）、仇童伟（2019）均认为服务外包与农业分工有联系。亚当·斯密（1897）认为分工产生于交换，分工适合自给自足相对立的概念，因此可以用粮食生产中用于交换而不是自给自足的比例来衡量农业分工程度。参考陈昭玖（2016），刘晗等（2017）等的研究，本文用迂回生产程度作为农业分工程度的代理变量。数据来源于《中国农村统计年鉴》中各省农业中间消耗品占农业总产值的价值计算得出各省份迂回生产程度。取值越大，说明该区域的农业分工程度越高。

二是社会化服务发展水平。农机作业服务在农业社会化服务中占有重要地位，本文借鉴郑旭等（2017）的研究，采用农机作业规模来表征社会化服务发展水平，即亩均机械作业费用来衡量各个省份的农机作业服务水平，数据来源于《全国农产品成本收益资料汇编》中各省不同作物的亩均机械作业数据加权计算得到，并根据农业生产服务价格指数平减后得到亩均机械作业实际费用。取值越大，说明该区域农业分工程度越高。

4.2.2.3 控制变量

（1）政策变量：农机补贴政策。参考潘经韬（2018）的方法，选取中央财政和地方财政用于农机购置补贴经费作为衡量指标。

（2）自然资源：选取当地当年的自然灾害、粮食种植结构表征当地的自然资源。其中，自然灾害，选取粮食受灾面积作为衡量指标；粮食种植结构，参考龚（Gong，2008）的研究，以三种粮食作物（稻谷、小麦和玉米）分别在各省粮食总产量中的占比来衡量粮食种植结构。

（3）经济发展水平，表征地方农业经济发展水平的指标包括地区经济发展水平、人力资本水平、农业基础设施。用农村居民人均纯收入来衡量各省农村经济发展水平的差异表征地区经济发展水平；用乡村人均人力资本存量衡量各省农村人力资本水平差异。对于农业基础设施，参考尹朝静（2016）的研究，用农村公路里程与各省份国土面积的比值所表示的农村公路密度作为交通基础设施的代理变量；采用有效灌溉面积、农村用电总量作为水利、电力基础设施的衡量指标。

4.2.3　数据来源及变量统计性描述

本部分所需数据来源于历年《中国农村统计年鉴》《中国统计年鉴》《全国农产品成本收益资料汇编》《中国人力资本报告》《中国农业机械工业年鉴》以及各省的《农村统计年鉴》等。鉴于数据的可得性和完整性，选取 2004 年至 2018 年 23 个省（自治区、直辖市）相关面板数据（河北、内蒙古、辽宁、吉林、黑龙江、江苏、浙江、安徽、福建、江西、山东、河南、湖北、湖南、广东、广西、海南、重庆、四川、贵州、云南、陕西、宁夏）。具体数据变量的统计性描述见表 4 - 2 和表 4 - 3。

表 4 - 2　　　　　　　　变量描述性统计表

变量名称	变量代码	变量含义	min	max	mean	std.
农业总产出	output	粮食总产量	138.1	7506.80	2301.16	1528.57
土地投入	land	粮食播种面积（千公顷）	22.97	1106.78	326.82	121.16

变量名称	变量代码	变量含义	min	max	mean	std.
化肥投入	fertilizer	农用化肥施用量（万吨）	52.85	576.93	261.01	121.16
机械投入	machine	农用机械总动力（万千瓦）	0	12377.06	216.89	669.59
劳动力投入	labor	农业劳动力投入（万人）	107.93	2775.71	814.48	583.04
社会化服务	lnsocial	亩均机械作业费用（万元）	-2.16	8.33	4.15	0.94
迂回生产	lnround	中间消耗/总产值（%）	-1.60	-0.83	-1.08	0.14
稻谷占比	lnpaddy	粮食总产量中稻谷占比（%）	-4.33	-0.04	-1.26	1.21
小麦占比	lnwheat	粮食总产量中小麦占比（%）	-10.63	-0.54	-3.68	2.66
玉米占比	lnmaize	粮食总产量中玉米占比（%）	-5.85	-0.23	-1.81	1.32
自然灾害	lndisast	粮食受灾面积（千公顷）	2.40	8.91	6.59	0.93
地区发展	lnincom	农村居民人均纯收入（万元）	7.45	10.22	8.80	0.59
人力资本	lncapital	乡村人均人力资本存量（千元）	3.31	5.26	4.41	0.40
水利设施	lnirrigat	有效灌溉面积（千公顷）	5.13	8.72	7.51	0.77
电力设施	lnelectic	农村用电总量（亿千瓦时）	1.19	7.57	4.80	1.33

资料来源：笔者根据各统计年鉴数据整理计算而得。

4.3 计量结果与分析

4.3.1 农业全要素生产率及其分解

运用 Deap2.1 软件可测算出 23 个省份每年的静态生产效率。图 4-1 为 2004~2018 年 23 个省份的综合效率（图 4-1a）、纯技术效率（图 4－1b）和规模效率（图 4－1c）的变动趋势。

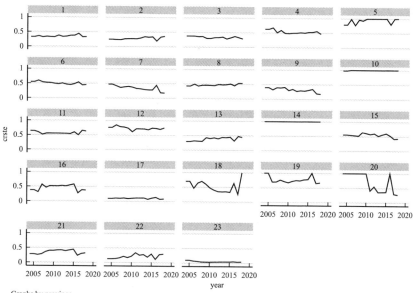

图 4－1a

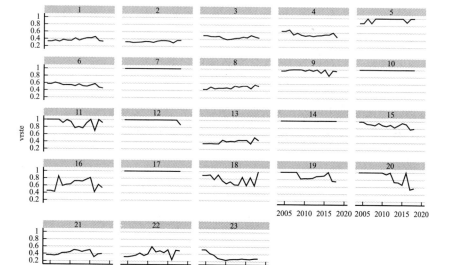

图 4－1b

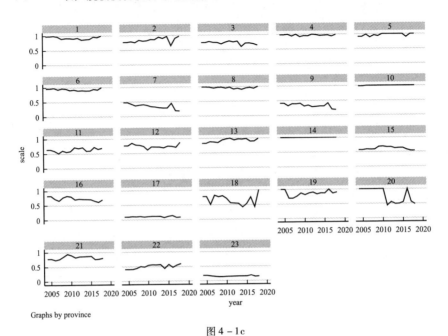

Graphs by province

图4-1c

图4-1　各省份静态生产率时间趋势图（2004~2018）①

从图4-1a中可以看出，各省份从2004~2018年综合效率的变动趋势差异非常大，有的呈上升趋势，有的呈下降趋势，有的呈现出较强的波动，一直保持DEA有效状态的只有两个省份：江西和湖南；从图4-1b可以看出，除江西和湖南外，浙江、河南和海南的纯技术效率也一直维持DEA有效状态，综合效率主要受规模效率影响。从整体来看，大多数省份的综合效率受纯技术效率和规模效率共同影响。

运用Deap2.1软件同时可以计算出，以2004年为基期各年份农业全要素生产率，如表4-3所示。

---

① 其中图中1-23分别表示以下省（自治区、直辖市）：河北、内蒙古、辽宁、吉林、黑龙江、江苏、浙江、安徽、福建、江西、山东、河南、湖北、湖南、广东、广西、海南、重庆、四川、贵州、云南、陕西、宁夏。

表4-3　　　　　各省份全要素生产率 Malmquist 指数分解结果

地区	技术效率 （effch）	技术进步 （techch）	纯技术效率 （pech）	规模效率 （sech）	全要素生产率 （tfpch）
河北	1.021	1.068	1.023	0.998	1.090
内蒙古	0.957	1.048	0.985	0.972	1.003
辽宁	1.019	1.051	1.011	1.008	1.071
吉林	1.009	1.047	1.010	0.999	1.057
黑龙江	0.984	1.005	0.992	0.992	0.990
江苏	1.013	1.060	1.017	0.996	1.073
浙江	1.067	1.044	1.000	1.067	1.113
安徽	0.988	1.062	0.990	0.998	1.049
福建	1.049	1.131	0.990	1.059	1.186
江西	1.000	1.144	1.000	1.000	1.144
山东	0.984	1.073	0.980	1.003	1.056
河南	0.998	1.059	1.010	0.988	1.057
湖北	0.977	1.089	0.984	0.993	1.064
湖南	1.000	1.086	1.000	1.000	1.086
广东	1.015	1.098	1.010	1.005	1.115
广西	0.978	1.131	0.983	0.996	1.107
海南	1.036	1.126	1.000	1.036	1.166
重庆	0.968	0.925	0.988	0.981	0.895
四川	1.029	1.135	1.021	1.007	1.167
贵州	1.098	1.294	1.041	1.054	1.420
云南	0.978	1.142	0.982	0.996	1.117
陕西	0.935	1.117	0.951	0.983	1.045
宁夏	1.011	1.074	0.995	1.016	1.086
平均	1.004	1.085	0.998	1.006	1.090

资料来源：笔者计算而得。

从表4-3中可以看出：大部分省份的全要素生产率指数均值大

于1，说明随着时间的推移，大多数地区的农业全要素生产率得到了改善和提高；除重庆外，其余省份的技术进步指数均大于1，对农业全要素生产率的提高起到了推动作用；从分解状况看，除重庆绩效效率和技术进步效率低于1以外，其余省份技术进步效率均高于1，说明对大部分地区来说，技术进步对提升全要素生产率都起到了积极的作用；其中，内蒙古、黑龙江、安徽、山东、河南、湖北、广西、云南、陕西等地区全要素生产率的提升主要依靠技术进步拉动。

表4-4　　　　各阶段全要素生产率 Malmquist 指数分解结果

年份（year）	技术效率（effch）	技术进步（techch）	纯技术效率（pech）	规模效率（sech）	全要素生产率（tfpch）
2004～2005	0.947	0.886	1.020	0.929	0.839
2005～2006	1.037	1.014	1.035	1.096	1.051
2006～2007	1.108	0.911	1.011	0.936	1.009
2007～2008	0.930	1.141	0.994	1.070	1.061
2008～2009	1.039	1.006	0.971	1.070	1.045
2009～2010	1.015	1.084	1.011	1.005	1.101
2010～2011	1.008	1.142	1.005	1.003	1.151
2011～2012	1.000	1.181	0.972	1.029	1.181
2012～2013	1.029	1.130	1.017	1.011	1.163
2013～2014	1.013	1.107	1.018	0.996	1.122
2014～2015	0.963	1.274	0.998	0.965	1.227
2015～2016	1.011	1.076	1.002	1.009	1.088
2016～2017	1.039	1.138	0.995	1.044	1.183
2017～2018	0.936	1.176	0.931	1.005	1.100
平均值（mean）	1.004	1.085	0.998	1.006	1.090

资料来源：笔者计算而得。

对全要素生产率进行时间趋势分解可以看出，2004年～2018年，全国 23 个省（自治区、直辖市）全要素生产率平均值为 1.090，总体上呈现上升趋势；从分解状况看，除 2007～2008 年，2014～2015年，2017～2018 年全要素生产率主要依靠技术进步拉动；2007～2008 年全要素生产率主要靠技术效率拉动外，其余年份全要素生产率的提升来源于技术进步和技术效率双重拉动。

4.3.2 分工深化对农业效率的影响

为分析全国不同地区农业分工深化对农业效率的影响程度，本文参考经济和社会发展统计公报中对区域的划分，将所研究的 23 个省份划分为东部、中部和西部地区，其中统计公报中的东北地区合并入东部地区进行分析。据此，东部地区包括河北、江苏、浙江、福建、山东、广东、海南、辽宁、吉林、黑龙江等 10 个省；中部地区包括江西、河南、湖北、湖南等 5 个省；西部地区包括内蒙古、广西、重庆、四川、贵州、云南、陕西、宁夏等 5 个省（自治区、直辖市）。全国和分区域回归结果如表 4 - 5 所示：

表 4 - 5　　　　　　　　分工深化对农业经营效率的影响

变量	全国		东部地区		中部地区		西部地区	
	Coef.	St.	Coef.	St.	Coef.	St.	Coef.	St.
lnsocial	2.91 **	1.25	12.62 *	6.69	-0.03	1.24	6.03 ***	1.72
lnround	-6.78	16.56	50.71	38.00	41.29 *	21.48	19.06	24.04
lnpaddy	23.75 ***	7.35	33.20 **	14.14	-47.44 **	22.72	20.35 **	9.96
lnwheat	-0.36	1.29	0.92	2.19	-2.02	2.81	-1.35	2.64
lnmaize	15.25 ***	4.60	25.56 ***	6.84	-13.95 *	7.24	17.33	11.05
lndisast	-3.79 ***	1.04	-4.77 **	1.90	-2.79 *	1.57	-5.02 ***	1.45
lnincom	-5.65	5.63	-31.19 ***	11.43	-0.87	10.69	1.92	8.50
lncapital	7.38	10.08	70.57 ***	20.77	-16.16	17.71	-22.80	15.46
lnirrigat	-45.10 ***	7.07	-58.60 ***	10.37	9.56	19.36	-43.20 **	16.66

续表

变量	全国		东部地区		中部地区		西部地区	
	Coef.	St.	Coef.	St.	Coef.	St.	Coef.	St.
lnelectic	0.71	5.64	−19.49	12.58	17.23	12.60	−0.39	7.38
constant	419.64 ***	56.28	651.52 ***	113.90	−99.40	113.40	465.45 ***	122.36

注：***、**、*分别表示在1%、5%和10%的水平上显著。

4.3.2.1 社会化服务发展水平对农业经营效率的影响

从全国范围来看，社会化服务水平对农业经营效率存在显著的正向影响，即社会化服务水平越高，农业经营效率越高。从分区域回归结果来看，东部地区和西部地区的社会化服务水平对农业经营效率存在显著的正向影响，但中部地区社会化服务的发展对农业经营效率影响不显著。从社会化服务发展水平的区域内差异来看，中部地区各省份社会化服务水平发展不均衡，部分地区发展较快，这可能导致社会化服务发展对农业经营的影响无法体现出来。从影响程度来看，东部地区和西部地区社会化服务水平对农业经营效率的影响程度存在差异，相对来说，东部地区社会化服务发展水平的影响较西部地区要大。从表中可以看出，东部地区社会化服务发展水平较西部更高，这也在一定程度上说明，社会化服务发展水平越高，对农业生产的影响就会越大。

表4-6　　　　　　　全国及各区域社会化服务发展情况

社会化服务发展水平（万元）	全国		东部		中部		西部	
	mean	std.	mean	std.	mean	std.	mean	std.
	93.11	222.89	97.48	49.38	131.40	469.08	63.70	43.77

4.3.2.2 迂回生产程度对农业经营效率的影响

从全国范围来看，迂回生产程度对农业经营效率的影响不显著。

这说明在全国范围内，农业分工对农业经营的作用主要通过社会化服务的发展来实现。从分区域回归结果看，东部地区和西部地区迂回生产程度对农业经营效率无显著影响，中部地区迂回生产程度对农业经营效率存在显著的正向影响。从表中可以看出，中部地区迂回生产程度较其他区域更高，这在一定程度上证明，迂回生产程度越高，对农业经营效率的影响会越显著。

　　从以上分析可以看出，农业分工对农业经营效率存在显著的正向影响。不同区域的农业分工对农业经营效率的作用机制存在差异。东部地区和西部地区主要通过社会化服务的发展提高农业经营效率，中部地区主要通过迂回生产程度来促进农业经营效率的提升（表4-7）。

表 4-7　　　　　　　**全国及各区域迂回生产程度发展情况**

迂回生产程度（%）	全国		东部		中部		西部	
	mean	std.	mean	std.	mean	std.	mean	std.
	34.40	4.76	34.40	4.37	35.59	4.37	33.65	5.32

4.4　本　章　小　结

　　本章对全国23个省（自治区、直辖市）的农业全要素生产率进行分解计算发现，从2004年到2018年，各省（自治区、直辖市）的农业发展呈现出不同的发展趋势，在15年中，农业经营一直保持DEA有效的只有江西与湖南两个省份，其余省份均呈现出波动状态；从分解结果来看，大部分省份的全要素生产率提升源于技术进步和技术进步效率的提高；从全要素生产率的时间趋势来看，除个别省份呈现下降趋势外，大部分省份的农业全要素生产率呈现上升趋势。

　　通过农业分工对农业经营效率进行回归分析发现，农业分工深化，有利于农业经营效率的提升。分区域来看，东部地区和西部地区农业经营效率的提升主要源于社会化服务发展水平的提高；中部地区农业经营效率的提升主要源于农业迂回生产程度的提升；同时，无论是农业社会化发展水平还是农业生产迂回程度的提升都有利于促进农业经营效率。

第 3 篇　分工深化与农户规模演化的微观证据

▶ 第 5 章 ◀

研究背景与调研设计

5.1 研究对象与概念界定

5.1.1 研究对象

本文的研究对象是特种动物养殖业。之所以选取特种动物养殖业作为研究对象,是因为需要一个既存在广泛分工,又有可考的分工与规模演化历史的产业来验证市场规模与分工演进的互动关系;更重要的是源于笔者对特种毛皮动物养殖的特殊感情。在笔者生活的区域,特种动物养殖已然成为当地农民主要的收入来源。笔者见证了该产业从无到有,从小到大的发展过程,深刻感受到了分工与规模演进之间的互动。基于此,笔者能够获得其他研究者所无法获得的一手数据,为研究的科学性和客观性奠定了基础。

首先,特种动物养殖属于畜牧业的范畴,而农业是以土地资源为生产对象,通过培育动植物,生产食品及工业原料的产业。广义的农业包括种植业、畜牧业、林业、渔业。其中畜牧业是利用土地资源培育或者直接利用草地发展畜牧。

2011 年 12 月,山东省畜牧兽医局、山东省发展改革委等单位联合发布《关于加快发展高效特色畜牧业的意见》（鲁政办发〔2011〕75 号）中明确将狐狸、水貂等特种动物养殖列为高效特色畜牧业范畴。所谓高效特色畜牧业是指有独特的资源条件、明显的区域特征、特殊的产品品质、特定的消费市场和比较效益相对较高的畜牧业。

其次，特种动物养殖隶属于特种经济动物养殖的范畴，并区别于传统畜牧业。特种经济动物，广义上是指已经驯化成功、尚未在生产中广泛应用，尚未被国家认定为家禽、家畜、家虫和正在驯化中的、有待驯化的野生动物；狭义的特种经济动物是指经国家林业和草原局专家审核论证，驯养繁殖技术成熟，并符合有关法律规定，可以驯养繁殖和经营的 54 种陆生野生动物。

特种经济动物养殖是根据国家《野生动物保护法》规定，驯养繁殖具有一定经济价值、社会价值、研究价值、药用价值的野生动物。野生动物驯养繁殖的目的有三：其一，保护、研究、救护珍惜和濒临灭绝的野生动物，主要由国家投资、政府部门经营管理；其二，满足人们观赏野生动物、增长自然科学知识的需求，一般在城市动物园或野生动物园进行；其三，满足市场对野生动物产品的需求，通过规模化人工养殖实现经济利益。

本文所指的特种动物主要包括狐狸、水貂两种动物，特种动物养殖包括从产前的设施建设到产后的生皮初加工等各个生产环节。

5.1.2 概念界定

5.1.2.1 农户规模

对于"农户规模"这一概念，虽然实证研究中多有涉及，但其内涵界定却并不统一，概括来看，农户规模大致包括两种视角。

其一，基于生产功能的视角

1989 年，朱希刚、钱伟曾在《农业种植业规模研究》中指出，农户种植业规模是农业规模经营的基本环节，并将农户种植业规模分为经营规模和生产规模两个层次。经营规模用销售额表示，生产规模则是反映我国农户经营规模的最重要指标。朱希刚，钱伟曾（1989）将农户生产规模定义为农户在从事种植业生产中拥有或占用的固定投入的数量，具体包括土地、机械设备和劳动力三个子规模。农户种植业总体规模不仅包括三个子规模的大小，还取决于三者之间的组合比例。

在此后的研究中，虽然不同的研究者对农户规模给出了不同的定义，但大多以土地经营规模为主（周诚，1995；卫新等，2003；许庆、尹荣梁，2010），之所以出现这种情况，是由于在中国农业目前的发展现状下，劳动力规模相对较大，而机械设备的规模则取决于土地要素的规模。因此，当前状况下，土地要素的短缺成为农户规模扩张的主要障碍，只有当土地规模达到规模报酬和技术进步所要求的最低规模时，各生产要素才能实现优化配置和有效运行（乔颖丽，岳玉平，2012）。

养殖业是利用畜禽等已经被驯化的动物，或野生动物的生理机能，通过人工饲养、繁殖，使其将牧草和饲料等植物能转变为动物能，以此获得收入的生产部门。养殖业作为农业的重要组成部分之一，与种植业生产特性具有显著的差异。第一，养殖业扩大再生产与畜群结构及规模密切相关，而并不直接依赖于土地规模的扩大；第二，虽然养殖业可以在一定土地规模上立体发展，但当养殖密度达到临界值时，土地规模依然制约养殖规模的扩大。鉴于养殖场建设的周期性特征，养殖业对土地要素的需求是跳跃式发展的。实证研究中，一般采用畜群规模、产值规模或土地规模等指标表示"养殖户规模"（Wolf，2001）。

其二，基于市场分工与生产契约的视角

李相宏（2003）认为生产规模与经营规模是两个不同的概念，生产规模取决于单一经营主体的要素规模，而经营规模则指某一特定区域内，多个生产决策主体通过契约、激励等制度安排实现利润最大化的过程。基于此，农业规模经营模式不仅包括通过土地流转的土地集中型，还包括以市场分工和交易契约为基础的契约型和市场激励性。在我国农村土地承担着社会保障功能的背景下，通过土地要素的大规模集中，实现生产要素的优化配置，显然遭遇了制度性约束，通过市场分工与交易契约实现资源的优化配置对实现农业规模经营更有效。

事实上，在企业理论中，从分工和契约视角对企业规模的界定一直是企业理论的核心问题。亚当·斯密从分工深化和劳动生产率提高的规模效应来界定企业规模，认为分工深化的边界便是企业边界；科斯（1937）则从交易成本的视角进行分析，认为企业规模扩张的边界取决于外部交易成本与内部协调成本的权衡。自科斯后，企业边界与规模问题分化为两条线索：其一是以威廉姆森为代表的交易成本理论，认为资产专用性是决定企业规模的关键因素；其二是以阿尔奇安和德姆塞茨为代表的产权理论，认为企业扩张的边界受"团队生产"度量的困难程度决定。事实上，除了市场和企业两种纯粹的交易形态，现实生活中大量存在的是二者的中间形态，交易双方以合约的形式相互联结，这种观点构成了合约理论的核心。彭罗斯（1955）认为，企业拥有的资源状况决定了企业能力，并进而决定企业规模的扩张；有的学者从不确定性和产权分配等角度分析企业规模的变动。可见，从分工与契约视角对企业规模的界定已经有了较深入的发展，在农业领域内，分工理论的应用相对滞后，因此，虽然已经有学者从分工角度研究农业经营规模，但尚未发现相关文献对农户规模的概念进行明确的界定。

基于以上分析，并结合本文的研究对象和研究目的，本文所指的"养殖户规模"兼具生产功能和契约功能。就生产功能来说，决定畜群规模的"种兽规模"是养殖户规模大小的主要衡量指标。当土地要素制约畜群规模扩大时，"养殖场规模"则成为养殖户规模的标识指标，但为了区分，文中所指的"养殖户规模"或"养殖规模"一般指种兽规模，而对于土地要素规模，则用"养殖场规模"来加以标识。就契约功能来说，养殖户规模则指养殖户"专业化经营边界"，即养殖户对生产环节外包抑或自主完成的生产决策。本研究在于验证养殖户的专业化决策与生产规模变化之间的关系，养殖户的规模决策最终表现为养殖场规模的变化。

5.1.2.2　专业分工

在分工理论的漫长发展历程中，"专业化"与"分工"的概念往往同时出现。《新帕尔格雷夫经济学大辞典》中将"分工"（Labor Division）定义为"工序的划分，是指将工作分成几个部分，每个部分由不同的人来完成"。《牛津经济学词典》中则将"专业化"（Specialization）定义为"某一经济主体集中提供特定类型的商品和服务，而依赖于其他（经济主体）提供自己不生产的东西"。杨小凯（1991）将专业化、分工视为两个紧密相连的概念。专业化一般是针对个人而言，一个人专业从事某项工作，就会产生专业化经济；而后者则是一种制度性与经济组织结构性安排、牵涉人与人之间的关系和协作。盛洪（1992）将微观经济主体在生产活动中对生产技术（工具和工艺）和操作方式（生产活动的专门程度和独立程度）的选择称为"生产方式"，而"分工"和"专业化"一同构成生产方式的两个方面，前者从整体上描述社会中不同经济主体为完成同一生产经营活动而进行的有机联系；后者则倾向于对个体参与社会分工的决策。所有经济个体的专业化形成社会分工，分工导致专业化，专业化依赖并发展了分工。

由于"农业不能像制造业那样采用完全的分工制度"（亚当·斯密，1776），因此，对"农业分工"的概念也极少被提及。盛洪（1992）认为专业化分工一般包涵两种含义：一是指分工和专业化的程度或状态，二是指分工和专业化的趋向或过程。以此为基础，杨丹（2011）认为农业分工从静态来看是指农业领域内生产劳动的划分状态，包括农业产业内分工、农产品种类分工和农业生产环节分工；而从动态来看，则是指农业分工水平和分工层次的提升，即农户从自给自足向部分生产环节外包的过渡，以及农业产业分工到农产品种类分工，再到农业生产环节分工的不断细化过程。

本文所指的"专业分工"，确切地说是养殖户的生产环节外包决策，一方面是指养殖户由自给自足到将部分生产环节外包的动态过程；另一方面则是指在现有的市场分工格局下，养殖户选择将何种生产环节外包，以及以何种方式外包的生产决策。

5.1.2.3 市场规模

劳动分工取决于市场规模，同时又限制市场规模的扩展（斯密—杨格定理）。本研究的目的在于验证二者在农业生产中的关系，因此，对于"市场规模"的概念界定是本文的研究基础。

何谓"市场"？市场起源于古时人类对固定时段或地点进行交易的场所的称呼，亦指买卖双方进行交易的场所。发展至今，市场具备了两层含义：一是指交易场所，二是指交易行为的总称。相应地，对"市场规模"的概念也发生了上述变化，亚当·斯密将"市场规模"解释为市场的地理范围，认为人口密度和运输成本决定了市场规模。杨格在斯密的理论基础之上，将市场规模的扩大进一步解释为"经济进步"。杨格的解释已经超过了斯密"地理范围"的狭义理解，将市场规模与经济主体的行为联系在一起。

在此后的实证研究中，学者们根据自身的研究目的，对市场规模赋予了不同的含义。谢富胜、李安（2009）认为，市场规模扩大，一方面指消费者数量的增加，另一方面则指彼此独立的行业增多（马克思，1867）；肖卫东（2012）认为市场规模的扩大包含两层含义：一是指市场广度的扩大，即市场空间范围和需求规模的扩大；二是指市场深度的增加，即交易环境和交易效率的提高（杜贵阳，2005）；唐东波（2013）则将市场规模理解为特定行业的产值规模。

可见，虽然学界对市场规模的内涵并没有统一的界定，但值得肯定的是，市场规模的概念已经不再局限于交易双方的空间地理范围，而与交易双方的经济行为紧密相关。

在特种动物养殖业从无到有的发展过程中，最显著的特征一是空间地理范围的扩散；二是畜群规模的扩展；三是特种动物养殖产值规模的增加。因此，本文中所指的市场规模相应地包括以上三种含义。

5.2 产 业 背 景

5.2.1 特种动物养殖业发展背景

特种经济动物养殖是经济主体的逐利本质和市场需求多样化双重驱动的产物，在国内目前已有的特种经济动物养殖中，狐、貂、貉子等毛皮动物养殖起源较早、发展较成熟，在一些特定的地区已经成为区域经济发展的重要支柱。

1956 年，为满足当时出口创汇的需要，国务院下达的"关于创办毛皮动物饲养业"的指示，由外贸牵头，从国外引种并创立国内的毛皮动物饲养业，主要包括狐、貂、貉子等的人工饲养。由于特种毛皮动物养殖对低温环境的要求，加之其产业发展需要具备一定的条件，我国目前的特种毛皮动物养殖业分布松散且跨度大，主要集中在山东省、河北省、辽宁省、黑龙江省、吉林省、内蒙古自治区、山西省、陕西省、宁夏回族自治区、新疆维吾尔自治区、安徽省、江苏省、天津市、北京市等十四个省（自治区、直辖市），面积跨度约467 万平方公里[①]，品种主要包括水貂、貉、狐狸和獭兔等。毛皮动

---

① 资料来源：中国林业网 http://www.forestry.gov.cn/portal/bhxh/s/711/content - 85202.html.

物养殖业生产的生皮经过鞣制后成为裘皮服装加工企业的主要原材料。目前，国内的裘皮鞣制主要集中在河南省，产量占全国的80%，而裘皮服装加工企业则主要分布在浙江、广东、河北、山东等地，占全国产量的80%以上。中商产业研究院的数据显示，到2013年底，全国毛皮、皮革及制品行业规模以上企业数量达8003家[①]，行业销售收入达9061.7亿元，实现利润总额532.7亿元。2013年，我国天然毛皮服装产量465.40万件，同比增长4.82%[②]。

虽然我国的特种动物养殖起步较晚，但在养殖规模上已远超丹麦、芬兰、美国等主要养殖大国。然而，就皮张质量来说，却与国外存在较大的差距，生皮售价也仅是国外同类产品的60%～70%。由于质量较差，我国的原料皮不能直接进入国际市场，国内加工高档裘皮服装90%是选用的丹麦、美国生产的貂皮。据调查，每年我国仍需要进口大量的水貂皮、狐狸皮等原料。目前，中国的毛皮进口总量位居全球第二位，表明我国虽然是毛皮动物养殖大国，但绝非强国。

2003年，财政部、税务总局出台关于农业特产税改革试点的文件，鼓励地方立法正式将特种动物养殖产品划为牲畜产品的范畴，免征农业特产税；2007年，国务院将加快发展特种养殖业作为畜牧业结构调整的一个组成部分，在一定程度上肯定了特种动物养殖在区域经济发展中的地位。尽管特种动物养殖在许多地方迅速发展，并成为当地农民的主要就业渠道和收入来源，但由于特种动物养殖起步较晚，且特种动物养殖多集中在少数区域，因此，对于特种动物养殖的管理明显滞后于畜禽养殖、水产养殖等，其相应的管理机构也因各省区的机构设置不同而出现差异。在各省区分别隶属于农业局、畜牧局、林业局（野保站）、特产局等，隶属关系不明确，造成管理边缘

---

① 资料来源：http：//www. shoes. net. cn/news/89071. html.
② 资料来源：中国产业信息网http：//www. chyxx. com/industry/201402/228838. html.

化。迄今为止，没有一个专门的机构对全国的养殖场数量、饲养种类、产品及产值等发展情况进行专项统计。在行业自律方面，出现协会、联谊会、合作组织等多种组织形式并存的局面，且多为市（县）及村镇级组织，尚无全国的行业协会组织（刘彦、张旭等，2010），仍处于一种自发的、分散的状态。数据的不可获得性或许是以特种动物养殖产业为对象的研究匮乏的主要原因。目前仅有的研究多针对特养技术的开发普及，也有少数研究者对地方特养产业现状进行了调查，但也仅限于描述性的研究，针对特养农户经济行为的研究尚未发现。

从宏观经济发展来看，特养产业规模小，在国民经济中所占份额不大，产业发展缺乏相关政策支撑，特养农户较其他农户受到更少的关注和扶持，养殖场的自生自灭或将成为特养农户的最终归途。然而，从区域经济发展来看，许多农户世代从事特养业，已经彻底放弃了传统种养业，特种养殖场经营的成败直接关系到其生计安全，因此，特养农户与传统农户一样值得关注。

5.2.2　山东省特种动物养殖现状

山东省的特种毛皮动物养殖始于 20 世纪 70 年代，2013 年，全省水貂、狐狸、貉子总存栏量[①]达到 6300 多万只，占全国总养殖量的 55% 以上，是全国第一毛皮动物养殖大省（如表 5-1 所示）。山东半岛位于黄渤海之滨，拥有全国 1/6 的海岸线，四季分明，适宜毛皮动物生长；此外，鱼类和禽类是毛皮动物的主要饲料来源，而山东省丰富的渔业和畜禽资源是特种动物养殖业发达的主要原因。2013年，山东省渔业总产值 1397.4 亿元，占全国总产值的 14.5%，均居全国首位[②]；畜禽产品总产量达 665.39 万吨，占全国总产量的

---

① 总存栏量是种兽与当年所产幼仔的总量。
② 资料来源：笔者根据 2014 年《中国渔业统计年鉴》《山东省统计年鉴》整理而得。

14.24%，主要禽类出栏总量占全国的 15.46%①。

山东省的特种动物养殖主要集中在威海、潍坊、烟台、青岛、日照和临沂等地区，饲养量占全省的 3/4 以上，其次为菏泽、济宁、泰安、济南等地区（如表 5 - 2 所示）。其中威海市位于山东半岛东端，三面环海，渔业资源丰富，客观上为水貂等特种动物养殖提供了条件。威海市的特种动物养殖始于 20 世纪 70 年代，以水貂养殖为主，主要集中在文登、荣成等地。文登区侯家镇 2013 年水貂种兽超过 240 万只，被誉为"中国水貂养殖第一镇"；荣成市的人和镇 2013 年水貂种兽规模达 200 万只，占威海市总养殖规模的 30%，养殖年产值达 6 亿元，是威海市水貂养殖的主要区域之一。诸城市的水貂养殖主要集中在密州街道与舜王街道，当地 90% 以上的农民从事特养产业。密州街道的大森林特种动物养殖专业合作社是国内最大的特种动物养殖合作社，该街道 2012 年水貂养殖基地占地 3700 亩，共 1509个养殖户参与合作社，年出栏水貂 480 万只，户均收入超过 30 万元。2010 年，合作社引进香港奥天奴集团资金 3.6 亿元，以土地入股的方式筹备建设集拍卖交易、商务洽谈、仓储物流、购物休闲、时装设计于一体的国际裘皮物流园，打造集养殖、加工、销售、贸易于一体的多元化格局。

表 5 - 1　　　　　　　山东省主要毛皮动物历年存栏量　　　　单位：万只

年份	总存栏量	水貂	狐	貉
2008	3595.95	2719.03	636.71	240.21
2009	3844.44	2919.26	656.58	268.6
2010	5115.98	3850.42	932.51	326.29
2011	6387.52	4869.64	1106.81	411.07

① 资料来源：笔者根据 2014 年《中国统计年鉴》《山东省统计年鉴》整理而得。

续表

年份	总存栏量	水貂	狐	貉
2012	6324.10	5003.68	833.95	486.47
2013	6324.21	4800.53	1081.15	442.53

资料来源：山东畜牧协会网站、各省市畜牧局及笔者根据文献整理而得。

表 5 - 2　　　2013 年山东部分地区主要毛皮动物存栏及出栏量　单位：万只

地市	种兽规模	出栏量
威海	632.60	2782.3
潍坊	463.75	1540.00
烟台	142.20	408.00
青岛	35.56	113.70
菏泽	30.00	100.00
聊城	31.70	123.50
日照	120.79	320.00 *
临沂	237.7	318.60 *
泰安	12.50	31.20 *

资料来源：根据王桂芝，秦孜娟等. 山东省毛皮动物养殖业现状存在的问题及对策 [J]. 山东畜牧兽医，2014，35（8）：21 - 22. 数据整理而得。* 数据由笔者根据 2014 年当地统计局提供的资料估算而得。

潍坊市是山东省特种动物养殖的发源地。该地的特种动物养殖起源于 1978 年潍坊市奎文区北部的大虞村，并逐渐形成以此为中心的国内最大的狐狸养殖基地，养殖区域从大虞貂场延伸至奎文区、寒亭区、潍城区的几十个村庄，养殖模式由庭院养殖演变为小区养殖，也有的养殖户已经步入规模化、现代化养殖模式。

从潍坊市特种动物的养殖规模和产值规模来看，都呈现出逐渐增大的趋势（如表 5 - 3 所示）。1998 年以来，特种动物养殖规模从

1998 年的 7.7 万只增加到 2014 年的 35.5 万只，增长幅度近 400%；
特种动物养殖业产值规模占农业产值的比重持续增加，由 35.3% 增
长至 77.1%；2009 年，潍坊市特种动物养殖产值占农业产值比重达
到 79.8%，占畜牧业比重达到 92.2%。可见，特种动物养殖业在十
几年前就已经成为该地区农业收入的主要来源。

表 5－3　　　　　　　　　潍坊市特种养殖情况

年份	平均饲养量（万只）	产值（万元）	占畜牧业比重（%）	占农业比重（%）
1998	7.7	3050	68.8	35.3
1999	10.8	3462	68.0	36.5
2000	14.1	5961	76.9	52.7
2001	21.1	6576	76.9	53.9
2002	24.1	8414	81.0	62.2
2003	30.5	8610	83.6	64.5
2004	35.7	8782	84.5	66.7
2005	38.2	8899	86.9	69.3
2006	36.8	8205	83.9	67.5
2007	36.2	7718	82.3	63.8
2008	28.8	6897	76.2	58.7
2009	40.8	10205	92.2	79.8
2010	29.9	8423	88.9	78.1
2011	33.9	7768	86.6	75.3
2012	34.5	8345	89.9	79.0
2013	35.1	8938	90.2	79.6
2014	35.5	8783	88.4	77.1

资料来源：根据潍坊市国民经济和社会发展统计公报、潍坊年鉴各年数据汇总整理。

　　除特种动物养殖业本身对当地经济的带动作用外，特种动物养殖
基地的发展还带动了生产性服务的专业化供给和餐饮、零售、金融等
第三产业的发展，但由于统计资料中并没有区分特种动物养殖业对第
三产业的带动作用，因此，表 5－3 所示的产值规模增加实际上低估

了特种动物养殖业的经济贡献。

5.2.3　潍坊市特种动物养殖产业演化

产业发展在时间上的演化表现为产业生命周期的更替。虽然山东潍坊的特种动物养殖产业起步较早，且已经成为当地农民重要的收入来源，但依然缺乏专门的统计机构对其产业发展过程进行系统的记录。为更清晰地追寻其产业演化历程，笔者遵循"证据三角"原则，通过互联网、地方档案、报刊资料、访谈记录等多种渠道获得证据，借鉴 Gort 和 Klepper（1982）对产业生命周期的划分，将潍坊市特种动物养殖产业的演化划分为缘起阶段（1978 年至 1993 年）、扩散阶段（1993 年至 2002 年）、稳定发展阶段（2002 年至 2007 年）和调整阶段（2007 年以后）四个阶段。

5.2.3.1　集体管理下的养殖场缘起（1978～1993 年）

1978 年，位于潍坊城郊接合部的大虞村由村集体牵头，外贸公司和畜产品进出口公司引进水貂养殖项目，貂场占地 350 余亩。为减小新兴产业对养殖户的风险冲击，貂场采取集体统一指导、家庭承包的方式管理，即由饲料供应、疫情防治到取皮销售等生产环节都由村集体统一"指导"，农户则只能按劳动投入领取工资。这种集体管理模式无异于"大锅饭"模式，虽然在"转型"（由传统农户向特养农户转型）初期起到了积极的扶持作用，但也挫伤了养殖户的生产积极性：养殖户的收入水平无关乎其技术积累，而仅在于其劳动时间的投入，即便养殖户经营的承包场实际处于亏损状态，也仍可以领取工资。

到 20 世纪 80 年代末，一些有经验积累的养殖户纷纷脱离集体管理模式，开始真正地自负盈亏、自主经营①。家庭养殖场的兴起，大

---

① 原来的承包户只需缴 10000 元保证金就可以实现养殖场的自负盈亏，村集体对毛皮销售抽取 2.5 元/张的管理费。

大调动了养殖户的积极性，养殖户开始积极探索养殖技术，相互交流改进饲养方法，幼兽成活率大幅度增加，家庭养殖规模迅速扩大。

5.2.3.2 养殖区域的扩散（1993～2002 年）

当家庭养殖场不足以容纳更多畜群时，养殖户只能将每年的幼兽养成后 0 取皮。基于特种动物养殖的特点，皮兽的养成期需要大量的资金和劳动力投入，且养成期间存在诸多不确定性因素可能导致经济损失，加之村集体依然对毛皮销售环节进行严格控制，许多养殖户将目光转向成本和风险相对较低的调种。同时，貂场周边的农户依然以传统农业为主，但人均不足 2 亩的耕地面积使农户的收入多样化意愿非常强烈，如种植棉花、蔬菜、葡萄、苹果等经济作物，或利用农闲时间承包建筑工程，也有的农户经营小生意。统计资料显示，20 世纪 90 年代初，当地农村家庭人均年收入依然不足千元，远远低于特种动物养殖的收益，但由于集体管理时期大虞貂场对养殖信息的封闭，貂场外的养殖户只能"望貂兴叹"。集体管理模式结束后，貂场内养殖户的向外调种的意愿打破了以往的信息封闭，特种动物养殖开始在貂场外扩散。

1993 年，大虞貂场周边邢石村的曹某、邢某，双庙村的褚某以及三娘庙村的裴某在亲友介绍下开始狐狸养殖，他们当年的收入都远高于传统种养业。随着率先引种农户的示范作用，更多的农户开始投资特种动物养殖，但新进入的养殖户主要以庭院养殖为主，规模小，大多数为兼业养殖户，即家庭中只有一个劳动力从事特种养殖，其他劳动力依然从事原来的行业。虽然特种养殖依然被大多数家庭视为"副业"，但由此带来的收入却远远高于传统农业，这些兼业化养殖户迫切渴望能全身心投入特种养殖带来的高收益中。另一方面，持续进入的投资者消化了大量原作为皮兽的幼兽，为提供调种者节约了大量的喂养成本，他们也希望扩大养殖规模、获得更大的收益。

1995 年，当地成立以大虞貂场为核心，包括邢石村、田家村及周边村庄在内的特种经济动物养殖基地，各村划地建场，到 2002 年，基本完成了庭院养殖向小区养殖模式的转变（如图 5 – 1 所示）。大虞貂场附近的邢石村、双庙村、田家村、店子村等几乎 80% 以上的家庭都在从事特种动物养殖。

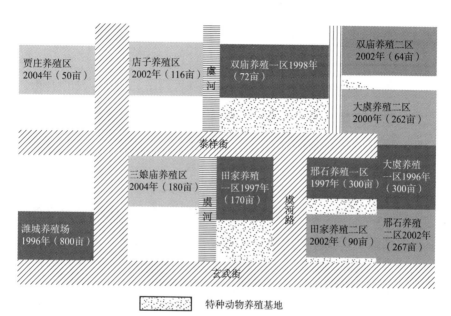

特种动物养殖基地

图 5 – 1　养殖区域时间扩散示意图①

从图 5 – 1 可以看出，特种养殖空间地理范围的扩散呈现出以发源地——大虞貂场为中心向周围辐射式扩散的模式。距离大虞貂场越近，由庭院养殖向小区养殖过渡的时间越早，特种养殖场建设面积也越大、越集中。养殖模式的转变，彻底改变了庭院养殖规模小、污染重、人畜混居的养殖模式。随着养殖场的建设和投入使用，特养收入逐渐取代传统农业成为当地农户收入的主要来源。基地养殖场建设规模由 300 余亩扩展到 2100 余亩，成为国内最大的狐狸养殖基地。

---

　　① 需要说明的是，图中所标示的时间是养殖场投入使用的时间，而不是将耕地划为养殖区的时间。

5.2.3.3 稳定发展阶段（2002～2007 年）

截至 2002 年，大多数村庄都完成了养殖场规划。养殖场的投入使用，使土地要素的约束被打破，养殖户纷纷扩大畜群规模。新经济地理学认为，农业的地理集聚作为一种特定而有效的农业空间组织形态，是农业分工的结果，同时也是分工进一步扩大和深化的原因（肖卫东，2012）。养殖基地的成立，通过地理空间的集聚和市场规模的扩散，为农业分工利益和分工效率改善提供了空间，有助于进一步扩大农业市场广度和增加农业市场深度，从而拓展农业市场规模。因此，2002 年以后，产业发展最显著的特征便是分工市场格局对自给自足模式的取代。

分工源于交换，交换的目的最初是为了互通有无，克服资源禀赋的限制，提高交换双方的效用，而分工进一步深化的动机则源于交易双方对比较利益的追求（刘明宇，2004）。2002 年，以大虞貂场为中心的特种动物养殖基地开始出现各种专业性的服务市场，包括饲料贮存、交易及人工授精、毛皮收购等各个生产环节（如表 5-4 所示）。

表 5-4 　　　　　　　　　生产服务供给市场演化

市场	2002 年	2007 年	2013 年
饲料交易市场	2	1	2
饲料冷藏厂	6	2	4
养殖器械加工点	0	0	8
兽药店	1	4	5
技术服务点	1	20	14

资料来源：笔者调研数据整理，其中历史数据根据当地特养合作社的档案记录进行了修正。

据笔者了解，潍坊当地特种动物养殖生产性服务市场的供给者主要有两种来源：一是专用性较强的生产服务，如人工授精技术、毛皮收购等，一般由原来的养殖户分化而来。对于特养农户来说，虽然特种动物养殖已经如传统的畜牧业养殖一样普及，但对于行外人来说，仍保留其神秘特色，贸然进入必然需要承担较大的投资风险。因而，专用性越强，外部投资的可能性就越小。随着服务市场需求越来越大，一些原来提供兼业服务的养殖户副业收入逐渐超过了主业收入，退出养殖从事专业的服务供给成为其必然选择；而对于专用性较弱的生产服务如饲料贮存等则更多地源于投资者的逐利行为。

5.2.3.4　规模调整阶段（2007 年以后）

2002 年以后，种兽规模和以此为基数的幼兽数量成倍增加，养殖户种兽规模的扩大无须再通过外部引种完成，而是通过自产幼兽留种或与其他养殖户互换。畜群数量成倍增加和引种需求的萎缩，使生皮供给集聚增加，市场价格下滑。如图 5 - 2 所示，主要生皮市场价格在 2002 年至 2007 年间显著低于其他年份。

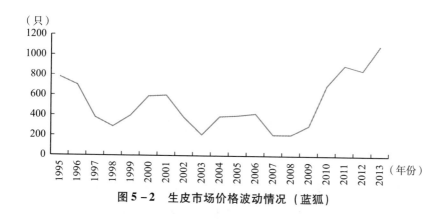

图 5 - 2　生皮市场价格波动情况（蓝狐）

访谈得知，除了数量激增，2002 年到 2007 年生皮价格下降的另一个重要原因是生皮质量的下降。在政府的鼓励和特种养殖高利润的吸引下，一些农户盲目投资，由于缺乏养殖经验，随意降低饲养标准，甚至有的养殖户只喂食玉米面等廉价饲料，导致毛皮质量严重下降，但为获得较高的成交价格，养殖户便采取各种手段伪装劣质毛皮，由此增加了毛皮收购商的鉴别成本。一些毛皮收购商为减少由于鉴别失误而造成的损失，便到其他养殖区域进行收购。2003 年前后，山东潍坊一度成为毛皮收购商的"禁区"，生皮市场有价无市。此后，一些养殖户开始注重科学喂养，逐渐提高毛皮质量。2007 年以后，养殖户的规模调整趋势出现了分化：一部分养殖户低劣的生皮质量只能低价出售，或者长期积压，直至出现资金链断裂而逐渐退出养殖；另一部分养殖户凭借优质的生皮获得高于市场均价的成交价格，虽然总体市场低迷，但这部分养殖户依然保持种兽规模持续递增，成为日后养殖场规模扩大的重要基础。

特种动物养殖业与种植业的显著区别便是其对土地要素的依赖性并非连续性，在一定的土地规模下，畜群可以采取延伸式和立体式发展，直到达到最大的养殖密度①，才会重新产生对土地规模的需求，因此，特种动物养殖业对土地要素的需求是跳跃式的。事实上，从2010 年起，大多数养殖户都开始面临土地要素的约束，一些养殖户开始寻找新的养殖场地，并逐渐由小区养殖向规模化养殖模式过渡；而更多的养殖户则停止扩大规模，以保持一定的养殖密度。

5.3 数 据 获 取

潍坊市特种动物养殖基地是本研究的主要区域，之所以未在全省范围内取样，是由于笔者在确定样本区域之前，在山东省诸城市、威海市等几个集中的养殖区域了解了其产业发展过程，与山东潍坊市极

---

① 目前最佳养殖密度一般由养殖户根据自身的经验判断，调查显示，养殖户所认为的平均养殖密度为每亩地 80 只种兽为宜。

其相似，以山东潍坊为样本进行研究可以充分代表山东省特养产业的发展概况。需要特别说明的是，笔者将研究区域进行限定，还有两个较为重要的原因：其一，狐狸、水貂等特种动物养殖为全天候的封闭养殖模式，饲养者除了外出采购饲料、药品等必需品，较少与业外人员沟通；此外，该产业从繁殖期到出栏期都需要严格控制外来人员的进出，因而，陌生的调研人员要进行入户调研或访谈难度较大。笔者的家庭在山东潍坊较早地开始特种养殖，许多养殖户对笔者父母略有耳闻，大大降低了笔者的调研难度。其二，潍坊市的特种动物养殖起源较早，且占当地农业收入的比重较高，同时，相对于山东其他地方来说，潍坊市的特种动物养殖产业发展过程中，政府给予了较少的关注和政策导向，大多依赖于经济主体的自主选择，可以更好地实现本文的研究目的。

鉴于目前国家各部门的统计目录中尚没有将特种毛皮动物养殖纳入其中，即便特种动物养殖业较密集的地区，也很少将此数据单列。因此，本研究所涉及宏观数据，一方面来源于统计年鉴（潍坊年鉴、奎文年鉴、潍坊市国民经济和社会发展统计公报等）、政府文件、报纸、机构档案等渠道获得的二手数据，另一方面则来源于与当地主管部门相关领导的访谈；研究所需要的微观数据，则通过问卷调查与深入访谈相结合的方式获取，其中第 4 ~ 6 章所用微观数据，主要来源于问卷调研数据，第 7 章所用案例资料，主要来源于笔者的访谈记录。本节主要介绍问卷调研的数据获得过程，对于访谈资料的获取，则在相关章节中详细说明。

5.3.1　问卷设计

由于特种动物养殖的特殊性，在进行问卷设计与调研之前，笔者需要首先了解其生产过程，经过多次与专家沟通交流，确定特种动物养殖的生产过程大致包括以下基本生产环节（以狐狸养殖为例，水貂养殖与狐狸养殖特点基本相同）。

5.3.1.1 产前生产环节

棚舍搭建，包括场棚和笼舍。场棚是动物御寒、避暑的设备，目前常用的规格一般长 25～50 米，宽 3.5～4 米，棚檐高 1.4～1.7 米，要求日光不直射笼舍。据了解，目前搭建棚舍主要有两种形式：一是自己采购材料，自己或雇工搭建；二是外包给专业工程队，包工包料。前一种形式即使雇工也只负责出劳动力，建设标准和方式都由养殖户自己决定；而后者一般按照标准规格建设。笼舍是动物活动、采食、排泄和繁殖的场所。笼是铁丝网编制的，目前常用的包括单层笼舍和双层笼舍两种，单层笼舍笼栏为：长×宽×高，70×30×40（立方厘米），小室为 30×30×30（立方厘米）或 45×30×45（立方厘米）；双层笼舍：下层为种兽，上层为皮兽或幼兽。种兽笼为 65×60×45（立方厘米），小室为 45×40×40（立方厘米），皮兽笼舍为 50×45×40（立方厘米），小室为 56×30×23（立方厘米），一个小室连成两间。与场棚搭建类似，笼舍的编建也包括两种形式：养殖户自行编建和外包给专业机构。

5.3.1.2 产中环节

饲料贮存。养殖户除了每天从饲料市场采购新鲜饲料外，还会贮存一些肉类、鱼类或家禽内脏等可以低温保存的动物性饲料。据调查，一些养殖户会在日常饲养中贮存饲料，其中存料的原因包括防止价格波动、防止市场短缺、节约时间[①]等。目前，饲料贮存方法主要是低温贮存，即建设带有机动冷藏功能的冷库，可以自建或租借。由于冷库的建设成本较高，只有大型养殖场才会自建。提供冷库租借服务的是附近的冷藏场，冷藏场同时销售饲料，一般与市场价格相同，

---

① 据了解，当地的饲料市场一般会在凌晨 2 点～5 点间开放，未存料的养殖户必须在此期间到市场上采购饲料，而贮存饲料的养殖户则可以选择较为自由的时间到冷库取料。

养殖户可以选择两种方式租借冷库，一是从市场采购饲料，然后交纳一定的冷藏费租用冷库，二是从冷藏场订购饲料，并贮存在冷库中，需要时直接提取。

日常喂养。包括饲料加工及喂食。对饲料进行科学加工，是减少饲料营养成分损失，保持饲料质量、增进适口性，达到无害净化处理的一项重要措施。由于饲料加工和喂食是连续的工序，一般由同一个人或同一组人完成，因而，调研中将其视为同一生产环节。需要指出的是，饲料加工及喂食中的较为关键的环节是配料，即饲料的营养构成，直接关系到动物的生长和发育。调研中发现，该环节基本上由养殖户自己完成。饲料加工和喂食主要是指劳动密集型的生产，分为养殖户自己完成和雇工两种方式。

育种繁殖。繁殖环节包括配种、生产及幼兽的照料。其中，生产和幼兽的照料一般由养殖户自己完成，因而对该环节外包行为的考察主要指配种环节。目前，狐狸配种基本采用人工授精方式，包括养殖户利用自有技术进行人工授精和通过其他养殖户或专业机构进行人工授精两种。

防疫。防疫包括养殖场的消毒清理和疫苗接种。初步调查显示，大多数养殖户都由自己完成疫苗接种环节，因而，在调查问卷的设计中，防疫环节仅指消毒清理环节，包括自己完成和雇工两种方式。

5.3.1.3　产后环节

取皮。取皮是毛皮动物从养殖进入销售环节的过渡，包括处死、剥皮及生皮的初加工。适时取皮是保证毛皮质量，提高经济效益的关键，取皮一般在每年的 11 月下旬到 12 月上、中旬之间。生皮初加工包括刮油洗皮、上楦、干燥、下楦、整理、包装等工序。处死、剥皮及刮油洗皮、上楦等工序是连续进行的，一般由同一人或一组人完成；下楦、整理、包装等工序与前述工序要间隔较长的时间，需要使生皮自然晾晒干燥，多由养殖户自己完成。调研中的取皮主要指从处死到上楦的工序。据了解，目前皮货商收购生皮的方式主要有两种：一是收购经过初加工的生皮，二是收购成活的皮兽。对于后者，取皮环节无须养殖户完成，而是由皮货商将收购的成活皮兽统一处死、剥皮并进行初加工；对于前者，可以由养殖户自己完成或由雇工完成。

生皮销售。经过初加工的生皮可以直接进入销售环节。对养殖户来说，生皮销售是实现经济效益的最后一环，销售价格的高低直接决定其当年的经济收益。据了解，目前国内的生皮流通市场主要集中在河北、北京、浙江一带，而养殖区域则集中在东北、河北、山东，供给者和需求者存在一定程度的地域分离，养殖户为寻求更好的销售模式，从产业发展至今，生皮销售模式经历了复杂的演变过程。目前，大多数养殖户出售的生皮是通过皮贩商上门收购而进入流通市场的，也有的养殖户亲自将毛皮带至流通市场，与生皮需求者进行交易。

为保证问卷设计的全面性与合理性，一方面能够获得本研究所需要的信息，另一方面使被访者能有效回答问卷中设计的问题，笔者在正式调研前进行了多次访谈，并在小范围内进行预调研，以检验问卷中问题设计的合理性，对遗漏问题和选项进行补充修缮，同时删除多余的问题和选项，最终形成正式的调研问卷。为精确地获取养殖户的信息，本研究采用结构式问卷和访谈相结合的方式进行，具体包括以下内容。

基本信息。包括养殖户户主的个人信息、养殖户家庭信息以及养殖场的地块特征，主要了解养殖户的"资源禀赋"情况。

养殖户的分工参与行为。主要包括养殖户各个生产环节的实施情况以及分工决策的选择。

规模调整。主要了解养殖户从事特种动物养殖以来的规模调整行为，并通过意愿调查的方法了解未来3年养殖户的规模调整预期。

生产要素的获得。包括劳动力、资金、饲料、技术等要素的使用与获得，以此了解各要素获得的交易成本。

养殖风险及合作组织。以此了解养殖户的风险认知情况以及合作组织的参与情况。

生皮销售。了解养殖户的生皮销售方式、销售过程中的交易成本。

成本收益情况。获得养殖户的成本收益信息。

访谈部分，主要包括养殖户规模演进过程中的重大事件、周边专业市场的发展状况与评价等。

5.3.2　调研实施

本研究所用数据除通过互联网、政府文件、报纸、机构档案等渠道获得的二手数据外，主要来源于笔者的实地调查，包括问卷调研与提纲访谈两部分。其中第 4 ~ 6 章所用微观数据，主要来源于问卷调研数据，第 7 章所用案例资料，主要来源于笔者的访谈记录。本节主要介绍问卷调研的数据获得过程，对于访谈资料的获取，则在相关章节中详细说明。

为客观反映潍坊市的特种动物养殖状况，并本着数据可获得性原则，笔者最终确定大虞、邢石等 7 个相对集中的养殖村作为样本村，随后对样本村的养殖户进行随机抽样调查。2015 年 9 月至 12 月，笔者共获得有效问卷 153 份，表 5 - 5 为各样本村特种动物养殖业发展概况及样本分布情况。

表 5 - 5　　　　　　　　　　　样本选择情况

样本村编号	样本村	养殖户数	样本数	比例（%）
001	大虞村	272	48	17.65
002	邢石村	300	55	18.33
003	田家村	30	5	16.67
004	双庙村	120	25	20.83
005	店子村	28	5	17.86
006	三娘庙	60	10	16.67

样本村编号	样本村	养殖户数	样本数	比例（%）
007	贾庄	29	5	17.24
合计	—	839	153	18.24

资料来源：笔者调研整理。

　　大虞村是潍坊市特种动物养殖的起源地。20世纪70年代末，由于城市发展的需要，大虞村大部分耕地被划为城市建设用地，为解决农民就业，增加农民收入，当地党工委经过山东省外贸公司、潍坊畜产品进出口公司介绍引进特种养殖项目。1979年，成立当地第一家特色动物养殖场——大虞水貂良种场（简称"大虞貂场"），占地350余亩。2002年，一方面为城市环境整治要求，另一方面为进一步扩大养殖规模，促进产业集群化发展，大虞貂场承包双庙村和邢石村土地共计560亩，承包期限10年，共建养殖场300余个。图5-3为大虞貂场概貌。

图5-3　大虞貂场概貌

　　资料来源：作者调研拍摄。

　　邢石村位于虞河路与泰祥街交叉口，济青高速公路横贯其中。1993年，曹某等4户家庭首先引进特种养殖；1996年，村集体将

400 亩耕地划为养殖区，实行承包经营，承包费用 530 元/亩；1998 年，将 200 亩口粮田划为养殖区，按照家庭人口比例进行划分，抽签决定养殖场位置，人均获得养殖场面积 0.3 亩；2003 年，虞河路向北延伸占地 33 亩；目前共计养殖用地 567 亩，养殖户 300 户。

田家村横跨虞河路两侧，位于大虞村以北，邢石村以南，拥有人口 910 人。1995 年以前，种植业是本村居民的主要收入来源，家庭年收入 3000 元左右；1995 年，田某开始特种养殖，年收入达 2 万元左右，远远高于当地农民的收入。1996 年，该村将 60 亩口粮田划为养殖区；1999 年，城市扩建，田家村 200 亩口粮田被征用做建设用地，村民人均耕地不足 1 亩，大部分村民放弃了传统的耕作，特种养殖、办厂、打工等成为主要的收入来源；2000 年，该村将 130 亩耕地划为养殖区，农户自主决定场地用途；2003 年，又将 70 亩耕地划为养殖区。城市扩建使虞河路成为由南向北的交通主干道，养殖基地的集聚作用提供了诸多发展第三产业的机会，许多农户开始由高风险的特种养殖向饭店、商店等行业转变。到 2013 年，该村仅有约 10% 的农户从事特种养殖。

双庙村位于泰祥街以北，拥有人口 660 人。1993 年以前，该村主要以种植业和闲暇时间做小生意为主要收入来源，人均耕地 2 亩；1993 年，谭某开始特种动物养殖，当年毛收入近 5 万元，吸引了许多农户开始从事特种养殖；1996 年，邢石村划地建场，该村较早从事特养的养殖户在邢石村承包养殖场，开始扩大规模；1997 年，该村将 124 亩耕地划为养殖区，户均 2 亩；2002 年，又将 56 亩耕地划为养殖区；2003 年，虞河路延长建设占地 52 亩，到 2013 年，该村共计养殖用地 128 亩，养殖户 120 家。

店子村与双庙村隔河相望，位于虞河路以西，拥有人口 820 人。1995 年，该村开始引进特种动物养殖，1997 年，将 46 亩耕地划为养殖区，2001 年，又将 70 亩耕地划为养殖区；2007 年以后，许多养殖户开始退出养殖，到 2012 年，本村仅有 5 户从事特种动物养殖，外来养殖户 13 户。

　　三娘庙村位于店子村以南，该村共有人口 1040 人。1993 年，裴某率先开始特种动物养殖；1996 年，该村将 50 亩口粮田划为养殖区；2002 年，又将 130 亩耕地划为养殖区，人均剩余耕地 1.5 亩。虽然该村鼓励农民从事特种动物养殖，但一直以来特种养殖都未能成为该村农民的主要产业，许多农民丧失土地后，从事猪、牛、羊等传统养殖和蔬菜种植业，更多的农户则依托当地的工业园区租门店做生意。到 2012 年，该村共有养殖户 60 户，其中外来养殖户 23 户。

　　贾庄村位于白浪河东邻。1997 年，根据寒亭区发展特种养殖业的政策，该村划地 50 亩建养殖场，此前 90% 以上农户以务农为主，但由于该村距离养殖基地距离较远，信息获得和交流都相对滞后，因此该村从事特种养殖的农户比例并不大。到 2012 年，该村共计养殖户 29 户。

5.4　数　据　说　明

5.4.1　关于微观数据的特别说明

　　以大虞貂场为中心的潍坊市特种动物养殖基地拥有 30 多年的养殖历史，在产业发展之初，主要以水貂养殖为主，到 20 世纪 80 年代才开始引进狐狸养殖。相对于水貂的精细化养殖模式，狐狸养殖模式粗放，技术要求不高。到 90 年代初，随着养殖区域的扩散，水貂的精细化养殖模式不及狐狸的粗放养殖模式更容易扩散，原来的养殖户逐渐放弃了水貂养殖，转而养殖狐狸，另有一部分养殖户则同时养殖水貂和狐狸两个品种。该区域的狐狸养殖规模迅速攀升，到 2013 年，调查区域内狐狸养殖量占 80% 以上，是全国最大的狐狸养殖基地。目前，狐狸养殖已经走出了以往的粗放养殖阶段，科学的配料与精细的管理是狐狸与水貂养殖的共同点，狐狸养殖依然是主要养殖品种的主要原因是由养殖习惯所致。

笔者调研中发现，养殖户同时养殖两个动物品种的比例非常低，在微观数据资料获取过程中，为保证数据的客观性和全面性，笔者并未刻意避开水貂养殖户。从分层随机抽样的结果看，同时饲养两种动物的养殖户仅占全部样本的8%，其余均为狐狸养殖户。对于两种动物品种微观数据的异质性，笔者专门向特养专家进行了咨询。专家认为，目前狐狸养殖与水貂养殖在饲养模式上并无显著的差异，养殖户并不会刻意选择某一养殖品种，现有的养殖模式主要是习惯所致。本文所关注的"专业分工"与"规模决策"并不受动物品种的差异而存在异质性。

专家认为，两种动物的区别仅在于水貂体积较小，养殖成本和收益均小于狐狸，在当年（2013年）的市场价格下，养殖2只水貂所投入的时间、空间、饲料成本以及收益水平都基本等价于养1只狐狸。因此，本文对微观数据的处理中，将畜群规模、成本收益等数据对水貂与狐狸进行了1∶2折算。

在宏观数据的获取过程中，相关资料并未对水貂和狐狸两种动物进行区分。宏观数据与微观数据统计层面上的差异可能会对特种动物养殖产业演进层面上的分析结论产生偏误，但由于宏观数据历年统计口径的延续性，这种偏误并不足以影响对产业发展的判断。

上述数据来源于笔者早年的调研，目前当地的特种动物养殖已经搬迁至别地，无法跟踪相应养殖户的后续数据，但并不影响分工对于农户规模演化的作用机制。

5.4.2 样本基本信息描述

对各个样本村获得的村级数据进行统计发现，总体来看，从2002年以后，山东潍坊特种动物养殖基地呈现出养殖场规模和养殖场数量的反向变动趋势（如图3-5所示），与许多发达国家的养殖业发展经验类似（Bremmer & Oude et al.，2002；Bartolini & Viaggi，2013）。需要说明的是，从2010年起就有许多养殖户开始建设新的养殖场，新建养殖场规模远远大于目前的养殖场规模，但村级统计资料中并未对此进行更新。因此，图5-4中所显示的养殖场规模变化并没有将这些已经实现规模化养殖的养殖户包括在内，但养殖场规模与养殖场数量的反向变动趋势，可以从总体上反映养殖场规模化演进趋势。

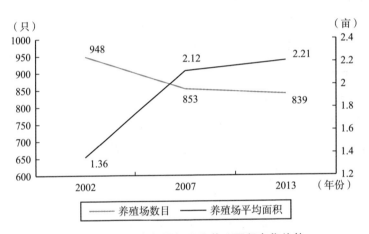

图5-4 养殖户数量与平均养殖面积变化趋势

资料来源：笔者根据养殖区各村庄的历史档案整理而得。

从微观层面来看，调查所获得的153个样本中，以男性户主为主，占全部样本的65.4%；养殖场平均面积1.94亩，平均养殖规模157只，这说明虽然特种养殖已经从庭院养殖模式过渡到小区养殖模式，但仍以小规模养殖为主。从养殖规模的差异来看，最小值与最大值之间存在较大的差异，也反映了养殖规模正在出现的分化趋势。户主平均年龄近50岁，平均养殖年限15.54年，一方面说明当地悠久的养殖历史，另一方面也反映了养殖户的老龄化趋势。在所有样本中，特养收入占家庭总收入的比重高达77%，可见特养产业不仅是当地农业的重要组成部分，也是农民的主要收入来源。然而，与特养业占家庭收入的高比重事实相反的是，养殖户中普遍存在的兼业化现象：从劳动力状况来看，家庭平均劳动力 2.86 人，从事特养的劳动力则平均只有 1.95 人。统计结果显示，49% 的养殖户存在兼业现象，许多养殖户都表示，虽然养狐狸比较赚钱，但都不希望其子女继续从事该行业。可见，特养产业正面临结构调整，而对养殖户的规模决策（退出或扩大规模）的原因剖析，则是本研究需要进一步解决的问题。

表 5 – 6　　　　　　　　　样本农户基本情况统计

基本指标	均值	标准差	最小值	最大值
户主性别①	0.35	0.48	0	1
户主年龄	49.31	7.23	28	64
户主受教育年限	7.14	2.25	2	15
养殖场面积（亩）	1.94	0.95	0.8	9.09
养殖规模（只）	157.33	100.28	20	600
亩均养殖量（只/亩）	82.32	39.80	13	285
养殖年限	15.54	4.81	1	32
家庭劳动力	2.86	0.87	2	5
特养劳动力	1.95	0.47	1	4
特养业占家庭收入比重	0.77	0.21	0.3	1
场棚外包②	0.63	0.48	0	1
笼舍外包	0.59	0.49	0	1
喂养环节外包	0.07	0.24	0	1
防疫环节外包	0.10	0.30	0	1
饲料贮存外包	0.59	0.50	0	1
繁殖技术外包	0.50	0.50	0	1
取皮环节外包	0.62	0.49	0	1
2013 年纯收入（万元）	21.31	16.45	2.53	106.41
2013 年成本（万元）	28.74	16.59	6.08	132.34

注：①性别为女取值为 1，性别为男取值为 0；②外包经营取值为 1，自主经营取值为 0。

从 2013 年的成本收入状况来看，养殖户平均 21.31 万元的年收入和 28.74 万元的成本，都远远超过了传统种植业的收入与成本。特养业以高收入吸引更多投资者的同时，其高成本将众多新投资者拒之门外。当前，养殖户的规模决策直接决定产业未来的发展趋势。

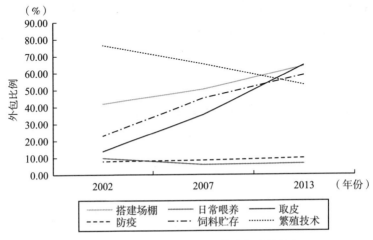

图 5 - 5　养殖户主要生产环节外包演化趋势

资料来源：笔者调研数据整理。

从养殖户各生产环节的外包总体状况来看（如表 5 - 6 所示），喂养、防疫环节的外包比例均值 10% 以下，外包比例分别为 6.5% 和 9.8%①，而其他生产环节的外包比例均值则在 50% 以上。可见，尽管生产性服务供给市场越来越普遍，但养殖户对于不同类型生产环节的外包决策依然存在明显的差异；从不同养殖规模的生产外包状况来看（如表 5 - 7 所示），养殖场规模 3 亩以上的养殖户，除繁殖技术外，其他生产环节的外包比例都显著大于规模较小的养殖户。从生产环节外包的动态变化来看（如图 5 - 5 所示），喂养与防疫环节的外

---

① 笔者在调研中了解到，喂养环节和防疫环节是影响生皮质量的关键环节，贯穿生产过程始终，但出于监督成本的考虑，多由养殖户自己完成。

包比例一直较低，繁育技术环节的外包则出现了下降趋势，由 2002 年的 76.5% 下降到 2013 年的 52.9%；其他生产环节的外包比例则有较大幅度的上升。

表 5-7　　　　　　　　不同规模养殖场的生产环节外包情况

规模	3 亩及以上		3 亩以下		总体	
	均值	标准差	均值	标准差	均值	标准差
场棚	1	0	0.58	0.50	0.63	0.48
笼舍	1	0	0.52	0.50	0.59	0.49
喂养环节	0.32	0.48	0.03	0.17	0.07	0.24
防疫环节	0.47	0.51	0.04	0.21	0.10	0.30
饲料贮存	0.89	0.32	0.54	0.50	0.59	0.50
繁殖技术	0	0	0.57	0.50	0.50	0.50
取皮环节	1	0	0.57	0.50	0.62	0.49

资料来源：笔者调研数据整理。

5.5　本　章　小　结

本章首先对特种动物养殖业的产业背景、山东省特种动物养殖业发展现状以及潍坊市特养产业发展阶段进行了简要的分析，然后重点从问卷设计和调研实施两方面交代后续定量研究所需要的数据获取过程。通过对样本基本信息的统计发现，作为全国最大的狐狸养殖基地，山东省潍坊市的特种动物养殖产业经历了从无到有，从小到大的发展过程，特种养殖收入已经成为当地农民的主要收入来源，养殖模式从庭院养殖逐步过渡为小区养殖模式，并逐渐开始向规模化养殖场转变。面临的问题是：平均养殖面积依然偏小（1.94 亩），相对于发达国家的规模化养殖存在较大的差距；养殖成员老龄化与"后继无人"现象并存，养殖场规模增大与养殖场数量减少现象并存，特种动物养殖业正面临结构化调整；养殖户的分工决策在静态和动态层面都存在显著差异，不同规模养殖户的分工决策也存在显著差异。基于此，本文后续章节需要进一步解决的问题包括：养殖户的专业分工决策受哪些因素影响？养殖户的专业分工决策如何影响其规模演进？在市场发展的不同阶段，专业分工与规模经营的作用机制如何变化？在接下来的章节中，将逐一回答以上问题。

▶ 第 6 章 ◀

分工深化与农户参与

分工理论表明，规模经济的本质在于分工和专业化，分工和专业化是规模报酬递增的关键。社会分工的深化取决于市场规模的扩大，而市场规模的扩大又依赖社会分工（阿林·杨格，1928）。随着农业生产服务市场的建立，农业分工得以深化，从理论上讲，分工与专业化有利于促进规模报酬递增，农户通过参与社会分工可以获得分工收益和合作剩余。许多实证研究的结论也表明，农户通过参与社会分工可以提高经营效率，促进规模经营。日本的农业发展经验证明，当土地经营规模扩大进程迟缓时，通过"迂回"分工生产模式促进农业发展更有效率。王志刚等（2011）认为，通过生产环节外包推动规模经营，是当前农民最易接受的方式。外包虽不是技术创新，但它带来的技术外溢能显著提高单个农户的生产效率。蔡荣、蔡书凯（2014）指出，通过生产环节外包，不仅可以推动农业规模经营和现代农业发展，而且有助于改善家庭经营与农村留守劳动力结构失衡问题。陈文浩、谢琳（2015）也提到，农户通过将部分生产环节外包给专业市场，可以获得更多的合作剩余。

然而，现实中普遍存在的一种现象是：即便生产性服务市场已经普遍存在，不同农户的专业分工决策也存在显著的差异；即便同一农户，不同类型的生产过程参与分工的决策也存在差异。对这一现象做出合理地解释，可以有的放矢地通过政策引导农户专业化运作，深化农业分工，加速农业规模化进程。本章以山东潍坊特种动物养殖业的微观调研数据为基础，采用二元 Logit 模型分析养殖户不同生产环节的专业化决策。

6.1 理论分析与研究假设

6.1.1 理论分析

社会分工与组织内分工是纵向交易治理中两种不同的制度安排，微观主体对不同分工制度安排的选择表现为组织边界的变动，目的在于减少交易费用和最大限度地获得分工收益（纪玉俊、杨蕙馨，2008）。亚当·斯密在其经典著作中论证了市场范围对分工的抑制作用，将分工深化的边界视为组织边界（亚当·斯密，1776）。然而，早期的分工理论忽视了与分工相伴而生的交易以及由此所产生的费用，在一个交易费用为零的世界中，只需要关注分工的收益即可（纪玉俊、杨蕙馨，2008），依据这种逻辑，分工会不断深化，一体化将不复存在。然而，交易费用在现实世界中普遍存在，科斯（1937）将组织与市场作为资源配置的两种契约形式，组织边界是市场交易费用与协调费用权衡的结果（Lafontaine，2007），交易频率、专用性资产投资及机会主义引致的不确定性，影响交易效率从而改变组织的契约偏好（Williamson，1985；Grossman & Hart，1986；Lafontaine，2007；Memilia et al.，2011），科斯和威廉姆森的分析注意到了交易费用对组织边界的影响，却忽视了不同治理结构的收益。杨和博兰德（Yang & Borand，1991）认为，任何组织边界的变动都将面临享受分工收益和降低交易费用的两难选择，组织边界取决于分工深化带来的收益与交易费用之间的权衡，当分工深化带来产业结构和生产成本的变动时，单一的交易成本不足以解释组织边界的变动。

资源基础理论则将组织视为资源与能力的集合体，认为组织运作的效率取决于经理人的人力资本对物质资源禀赋的有效协调（Traversaca，2011），源于异质性资源禀赋的核心能力使组织在某些生产领域具备成本优势，从而成为组织边界确定的成本基础（McIvor，2009），组织治理机制的选择——外购或自制，取决于从不同渠道获取要素的效率（Walker & Weber，1984；Williamson，1981）；当面临资源约束时，将非核心环节外包并获得承包方的创新溢价，有利于改善组织福利（Tiwana，2007）。

在农业生产中，各个生产环节交错联结，农户经营边界的选择在于权衡各个生产环节的外包决策以最大化收益。任一生产环节外包都面临成本收益的权衡，在分工格局一定的情况下，假设农户对任一生产环节的外包获得相同的收益；而外包成本则包括自有资源禀赋的机会成本与生产外包的交易成本。核心能力、产量质量对投入品的敏感程度（Grossman & Helpman，2002）等影响农户的边界选择。

$$R = \sum_{j=1}^{n} \omega_j r_j \qquad (6.1)$$

$$C = \sum_{j=1}^{n} (tc_j + oc_j) \qquad (6.2)$$

若农业生产包括 n 个生产环节，R 和 C 分别为农户获得的总收益和总成本。为简单起见，假设每个生产环节的完成方式包括两种状态：外包或自己完成，r_j 为生产环节 j 的外包收益，ω_j 表示生产环节 j 在整个生产过程中的重要程度；tc_j 和 oc_j 分别为生产环节 j 外包所产生的交易成本和机会成本。农户通过生产外包所获得的收益为 π：

$$\pi = \sum_{j=1}^{n} \omega_j r_j - \sum_{j=1}^{n} (tc_j + oc_j) \qquad (6.3)$$

农户的专业化决策就表现为最大化（6.3）的数学规划过程。

6.1.2 研究假设

已有的研究认为，在信息不对称的条件下，专用资产投资、不确定性及交易频率（Boucher & Gillespie，2007），市场环境（Lafontai-ine，2007）、产品质量对投入品的敏感程度（Grossman & Helpman，2002），影响组织的边界选择。实证研究中，任务复杂性、产量对生产环节的敏感程度、劳动力禀赋（蔡荣、蔡书凯，2014）、人力资本状况（Gillespie et al.，2010）、初始投资规模（Barry et al.，1992；Sumner & Wolf，2002）和资本限制（Wolf，2003）等均为影响农户经营边界的重要因素；当声誉和品牌等核心能力和投入品的质量面临威胁时，其一体化决策可能与交易费用理论相悖（Traversaca，2011）。资源禀赋和交易成本共同影响着农户的经营边界决策。然而纵观已有研究，或从交易成本或从资源禀赋单一视角关注农户经营边界，同时考虑两种因素的研究还比较少见。

基于以上理论分析和已有的研究成果，并结合本文的研究对象，我们认为养殖户根据自身的资源禀赋条件与要素交易特征选择分工制度安排，内部因素和外部因素同时影响其专业分工决策：内部因素指农户的要素禀赋，包括物质资本与人力资本投资；外部因素则指要素获得的交易特征如交易频率和不确定性等（如图6-1所示）。

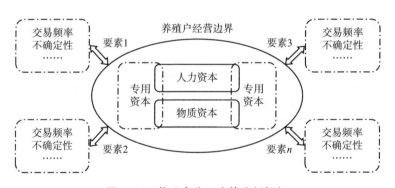

图6-1 养殖户分工决策分析框架

影响农户专业化决策的因素主要包括以下几个方面。

（1）人力资本。人力资本的专用性程度取决于劳动技能在不同行业间转移的能力（Williamson，1985）。Becker（1993）将人力资本区分为专用人力资本和一般人力资本，后者与生产本身没有专属性，但却影响专用人力资本的形成。户主是家庭经营中主要的决策主体，其教育程度是农户决策的重要影响因素。专用人力资本一方面来源于专业技能培训，另一方面来源于"干中学"的经验积累（Memilia et al.，2011），农户经营时间越长，专用人力资本积累越多。

（2）专用资本。专用性资本投资可能增加事后准租金与交易谈判的套牢风险，从而影响其参与社会分工的成本（Grossman & Helpman，2002；Devinney，2008）。养殖户在生产过程中的专用资本投资主要表现为产前进行的固定资产投资和生产过程中为完成某个生产环节而采购的专用设备方面的投资。其中固定资产投资决定了养殖户的核心生产能力，进而影响农户参与社会分工的成本。卡祖卡斯卡斯和纽曼等（Kazukauskas & Newman et al.，2013）将人力资本和养殖场的专用资本投入称为准固定资本（Quasi‒Fixed Farm Assets）。

（3）要素交易特征。要素的交易特征主要包括交易频率和交易的不确定性。交易特征决定要素获得的交易费用，当分工产生的溢价效应超过获取要素的交易费用时，参与分工才有利可图，反之，农户则倾向于选择自己完成。

此外，实证研究还控制了家庭特征变量对养殖户专业化决策的影响，包括户主年龄、性别、家庭劳动力（包括专门从事特种动物养殖的劳动力和兼业劳动力）以及养殖面积等。

6.2　模型设定与变量说明

6.2.1　模型设定

企业理论将组织专业化决策广义地界定为横向边界和纵向边界，

是指组织参与经营的类型和纳入组织内部的生产活动（Memilia et al.，2011）。本文关注的养殖户专业分工决策是指纵向边界，即养殖户纳入组织内部的生产活动，用不同类型生产环节的外包决策来表示。特种动物养殖过程包括产前、产中、产后等不同生产环节，其中棚舍搭建一般先于生产过程完成，且使用期限较长，调查发现，自主经营模式一般出现在产业发展初期，后进入的养殖户或后期生产过程中增加的棚舍大多选择外包模式，其外包决策更多地取决于市场发展，因此不在本文的讨论之列；喂养环节和防疫环节贯穿生产过程始终，是影响生皮质量的关键环节，出于监督成本的考虑，多由养殖户自己完成，分别占全部样本比例的93.5%和90.2%；生皮销售过程经历了较为复杂的演变过程，同样不在本文的讨论之列。本部分主要关注饲料贮存、育种繁殖和取皮环节。依据不同生产环节的性质，将其分为劳动密集型（取皮）、技术密集型（育种繁殖）和资本密集型（饲料贮存）三种类型。其中，劳动密集型生产环节劳动强度大，技术密集型环节对技术的要求较高，而资本密集型生产环节则需要较大的资本投入，如养殖户自己建设饲料贮存设备需要较大的资本投入，而通过市场完成则会产生较大的资本节约。

用 Y_i 表示不同类型生产环节的外包决策，则：

$$Y_i = \begin{cases} 1 & \text{外包} \\ 0 & \text{不外包} \end{cases} \qquad (6.4)$$

$i = 1, 2, 3$；分别表示劳动密集型生产环节、技术密集型生产环节、资本密集型生产环节。对于劳动密集型生产环节，主要包括自己取皮、雇工取皮和直接销售成活皮兽（无需取皮，但销售时收购商已经在价格中扣除了取皮费用），其中将雇工取皮和直接销售成活皮兽两种方式视为外包。资本密集型生产环节中，饲料贮存包括家用冰柜贮存、自建冷库和租用冷库三种形式，调研中仅将租用冷库视为外包。由于各类型生产环节的外包决策有两种情况，即要么选择外包，要么选择不外包，对于0-1离散变量，一般采用二元 Logit 模型进行回归分析。

设 $x_{ij}(i=1,2,3;j=1,2,\cdots,n)$ 是影响养殖户生产环节 i 外包决策的主要因素，P_i 表示养殖户选择将生产环节 i 外包的概率，则线性 Logit 模型有如下表示形式：

$$\text{Logit}(P_i)=\text{Ln}\left(\frac{P_i}{1-P_i}\right)=\beta_0+\beta_1\chi_{i1}+\beta_2\chi_{i2}+\cdots+\beta_j\chi_{ij}+\varepsilon_j$$

$$(6.5)$$

"式（6.5）"中，β_0 是截距项，$\beta_j(j=1,2,\cdots,n)$ 是回归系数，ε_j 是误差项。该式还可以表示为：

$$\frac{P_i}{1-P_i}=\exp(\beta_0+\beta_1\chi_{i1}+\beta_2\chi_{i2}+\cdots+\beta_j\chi_{ij})\qquad(6.6)$$

整理"式 6.6"，可得到"式 6.7"，即第 m 个养殖户选择将生产环节 i 外包的概率为：

$$P_{im}=\frac{1}{1+\exp(\beta_0+\beta_1\chi_{i1}+\beta_2\chi_{i2}+\cdots+\beta_j\chi_{ij})}\qquad(6.7)$$

其中，χ_{ij} 为影响养殖户不同生产环节外包决策的因素。

6.2.2　变量说明

各变量的定义及描述性统计如表 6-1 所示。

表 6-1　　　　　　　　　　变量说明及定义

变量类型	变量名称	变量定义	均值	标准差
被解释变量	劳动密集型生产环节	取皮环节（外包 =1；不外包 =0）	0.62	0.49
	技术密集型生产换季	繁殖环节（外包 =1；不外包 =0）	0.50	0.50
	资本密集型生产环节	饲料贮存环节（外包 =1；不外包 =0）	0.59	0.49
解释变量	户主年龄	户主实际年龄（岁）	49.31	7.23
	性别	女 =1；0 = 男	0.35	0.48
	养殖场面积	亩	1.94	0.95

续表

变量类型	变量名称	变量定义	均值	标准差
解释变量	家庭劳动力	家庭劳动力人数	2.86	0.87
	特养劳动力	家庭中从事特养的劳动力	1.95	0.47
	兼业劳动力	家庭中兼业劳动力人数	0.76	0.89
人力资本投资	教育程度	小学 = 1；初中 = 2；高中或中专 = 3；大专及以上 = 4	1.97	0.81
	养殖经验	从事特种养殖的年数	15.54	4.81
专用设备投资	固定资产投资	场棚和笼舍投资（万元）	4.14	4.23
	取皮设备	（万元）	0.18	0.29
	冷藏设备	（万元）	0.25	0.61
	运输设备	（万元）	0.53	1.06
	技术设备	（万元）	0.18	0.26
饲料交易费用	饲料交易频率	市场采购饲料的比例（%）	0.74	0.25
	与供应商的关系	基本固定 = 1；较固定 = 2；基本不固定 = 3	1.66	0.74
技术交易费用	技术不确定性	上一年繁殖技术市场成功率（%）	0.74	0.10
	技术可获得性	非常容易 = 1；一般 = 2；较困难 = 3	1.50	0.54
资本交易费用	资本可获得性	非常容易 = 1；一般 = 2；较困难 = 3	1.59	0.64
	自有资金比例	%	0.94	0.11

资料来源：笔者调研数据整理。

　　如表 6 - 1 所示，我们用养殖户的教育程度和养殖经验两个指标表征人力资本变量；对应不同类型的生产环节，专用设备投资分别用取皮设备、繁殖技术设备、冷藏设备和运输设备等投入指标表示；交易特征分别对应于不同的要素，饲料交易特征用饲料通过市场采购的比例、与供应商的关系等指标表示；技术交易特征包括技术不确定性、技术可获得性等指标；资本交易特征则用资本可获得性和自有资金比例来表示。

根据表 6-1 的统计结果，劳动密集型、技术密集型和资本密集型生产环节外包比例分别为 62%、50% 和 59%，说明这三种类型的生产环节外包比例都超过了一半，具有一定的普遍性，但劳动密集型生产环节的外包比例高于其他生产环节。户主年龄平均 49 岁，在一定程度上说明特种动物养殖人员的老龄化趋势；家庭劳动力和特养劳动力均值分别为 2.86 和 1.95，二者的差异可以反映从事特种动物养殖的家庭中兼业现象普遍存在。

6.3　计量结果及分析

根据对 153 个养殖户的调查所得的相关数据，本文运用 Stata16 对模型进行最大似然法估计，得到的结果如表 6-2 所示，从模型的卡方检验值、-2 倍对数似然值和显著性水平来看，模型总体效果良好。根据模型估计结果，具体分析如下：

表 6-2　　　　　　　　　　　二元 Logit 模型估计结果

变量	Y1（劳动密集型）		Y2（技术密集型）		Y3（资本密集型）	
	估计系数	Z 值	估计系数	Z 值	估计系数	Z 值
户主年龄	-0.087**	-2.312	0.042	0.538	-0.082*	-1.745
性别	-0.339	-0.786	0.358	0.338	-0.579	-0.966
养殖场面积	1.072**	1.980	-1.333	-0.839	-0.011	-0.019
特养劳动力	0.277	0.542	-0.006	-0.005	0.267	0.346
兼业劳动力	0.373	1.355	0.019	0.032	0.371	0.967
教育程度	-0.572*	-1.904	-0.684	-0.937	0.426	1.058
养殖经验	0.014	0.284	0.020	0.143	0.127*	1.767
固定资产投资	0.552***	3.097	-0.756***	-2.592	0.422	11.537
毛皮加工工具	-2.933*	-1.723				

续表

变量	Y1（劳动密集型）		Y2（技术密集型）		Y3（资本密集型）	
	估计系数	Z 值	估计系数	Z 值	估计系数	Z 值
冷藏设备					− 1.690 ***	− 3.023
运输设备			—		− 0.679 *	− 1.682
繁殖设备			− 32.933 ***	− 4.753		
饲料交易频率					− 9.260 ***	− 4.741
与供应商关系					0.270	0.609
技术不确定性			4.009	0.833		
技术可获得性			0.026	0.029		
资本可获得性					− 0.706	− 1.558
自有资金比例					− 3.818	− 1.089
卡方检验值	45.88		171.73		111.52	
− 2 倍似然比	− 78.59		− 20.18		− 47.90	
显著性水平	0.0000		0.0000		0.0000	

注：***、**、* 分别表示在 1%、5% 和 10% 的水平上显著。

从模型的估计结果看，相同要素对不同类型的生产环节外包行为具有不同的影响，具体分析如下。

（1）户主年龄对劳动密集型和资本密集型生产环节外包具有显著的负向影响。即户主年龄越大，劳动密集型和资本密集型生产环节外包的概率越低。王志刚等（2011）的研究证明，户主年龄越大，劳动能力越低，将劳动密集型生产环节外包的概率越大，这与本文的研究相悖。事实上，户主年龄对生产环节外包概率的影响还存在另一种作用，即户主年龄越大，经营方式越趋于保守，若自身的经营条件允许，改变原有经营方式的概率越低。很显然，对特养农户来说，后者的作用明显大于前者。从养殖发展的最初阶段，养殖户大多都是自己经营所有的生产环节，随着生产服务市场的发展，通过将部分生产环节外包虽然具有明显的分工优势，但获得分工溢价的前提是付出成本，这对年龄较大的养殖户是难以接受的。调查发现，大多数未将饲料贮存环节外包的养殖户并未建设成本高昂的冷库，而是采用价格较低廉的冰柜，由于储存量小，仍需要每天到市场上采购。也正是这种保守的经营思维，极大地限制了养殖规模的扩大，使我国特种动物养殖规模一直处于小规模低效率经营的循环中。

（2）养殖场面积对劳动密集型生产环节外包具有正向影响。养殖场面积决定养殖户的生产能力，即使目前仍未达到最大养殖密度，也能体现养殖户的规模化经营预期。以往研究证明，劳动力短缺是生产外包的首要动因（Wolf，2003；Picazo - Tadeo，2006；Igata et al.，2008），但研究并未区分不同类别的生产环节。本研究证明养殖场面积越大，养殖户扩大养殖规模的概率越大，通过参与农业分工获取的分工收益和专业化溢价越有可能超过由于劳动力短缺而产生的成本。

（3）教育程度对劳动密集型生产环节外包具有显著的负向影响。一般而言，户主的教育程度对农户的劳动分工决策具有混合效应：一方面，高等教育程度的农户更容易认识到外包的溢价效应，从而增加外包概率（王志刚等，2011）；另一方面，高等教育程度的农户更易掌握高效率生产技能，从而抑制外包（Traversaca，2011）。本研究发现，对于劳动密集型生产环节来说，高等教育水平的学习效应超过了外包的溢价效应。

（4）养殖经验对资本密集型生产环节的外包行为具有显著的正向影响。养殖经验是"干中学"得到的一种人力资本，同受教育水平类似，养殖经验对农户分工决策的效应同样体现在两个方面。从表6 - 2中可以发现，养殖经验对资本密集型生产环节的外包溢价效应超过了自身的学习效应，这是由于资本密集型生产环节的经验积累效应较小，养殖户将该环节外包，更多的是为了节约时间（表6 - 3），这种时间分配效应也是分工溢价的一种体现，而对这种溢价的认识与养殖户的养殖经验成正比。

表 6 - 3   养殖户饲料贮存原因

原因	价格波动	市场短缺	节约时间	量大优惠	节约建设成本
样本比例	50%	15.31%	64.29%	10.20%	6.12%

资料来源：笔者调研数据整理。

（5）固定资产投资对劳动密集型生产环节具有显著正向影响；而对技术密集型生产环节具有显著负向影响。固定资产投资决定了养殖户的核心生产能力，一般来说，固定资产投资的多寡在一定程度上体现了养殖户的经营理念，即固定资产投资越多，养殖户越倾向于通过引进技术要素替代劳动力要素，如在建设中引进饮水管等技术以节约劳动力。因此，固定资产投资越多的养殖户也倾向于将取皮等劳动密集型生产环节外包给市场，而自营繁殖育种等技术密集型生产环节。

（6）相应生产环节专用设备投资对养殖户的生产外包决定具有显著的负向影响。如表 6 - 2 所示，毛皮加工工具对取皮环节的外包概率、繁殖设备对育种环节的外包概率以及冷藏设备和运输设备对饲料贮存环节的外包概率都有显著的负向影响。这说明专用性资本的投资阻碍了农户参与农业分工的决策，与大多数实证研究的结果相似。

（7）饲料交易频率对资本密集型生产环节的外包行为具有显著的负向影响，资本交易费用对资本密集型生产环节的外包行为存在负向影响，但影响并不显著。这说明饲料贮存环节的外包更大程度上是源于饲料交易市场的不确定性，不确定性越高，养殖户越倾向于通过市场机构贮存饲料以减少不确定性；而与资本不确定性关系不明显，即养殖户将饲料贮存环节外包并非为了节约资本，为节约建设成本而选择市场贮存饲料的养殖户仅占 6.12%（如表 6 - 3 所示）。

（8）技术交易特征对养殖户的分工决策影响不显著。这说明养殖户将繁育技术外包与否与要素交易成本无关。调研中发现，养殖户之所以通过专业机构完成繁育环节，并非因为市场提供服务的价格低、成功率高，而是因为自己没有能力掌握繁育技术。事实上通过调查得知，养殖户对繁育环节的外包决策，经历了由外向内的演化过程。据了解，当地于2000年前后引进人工授精、褪黑激素注射等繁育技术，最初由大虞貂场的科技示范园进行试验并向养殖户推广。在推广初期，大多数养殖户并不认同，接受度也非常低，只有一些规模较大的养殖户才敢于试用新技术，但为避免不确定性，也只是将新技术应用于一部分动物。当养殖户逐渐认识到新技术对提高毛皮质量的效果时，新技术便进入迅速推广阶段，技术需求也迅速膨胀，一些养殖户开始学习新技术并为其他养殖户提供服务。截至2007年，当地的技术服务点已达20多家，大多数养殖户都将该环节外包给市场；与此同时，当地养殖规模的迅速扩张和对毛皮质量的忽视，使毛皮陷入质量危机。一些养殖户为提高毛皮质量、增加收益，纷纷学习繁育技术。从发展之初到现在，繁育技术服务机构无论在服务质量还是售后保障方面都有了明显提升，但大多数养殖户仍希望自己完成繁育环节，这是源于养殖户心理上的一种不确定性。

6.4　本章小结

　　本章运用交易成本理论和资源基础理论，分析了内部因素，如家庭经济特征、专用资本投资，外部因素如要素交易特征对养殖专业分工决策的影响。研究发现，不同性质的生产环节，养殖户的专业化决策具有不同的特点。具体而言，户主年龄对劳动密集型生产环节和资本密集型生产环节具有显著的负向影响；养殖场面积越大，养殖户通过分工收益弥补劳动力不足的概率越大；养殖户的人力资本对不同生产环节的影响机制存在差异，高等教育程度养殖户的学习效应超过了外包溢价效应，而"干中学"的经验积累外包溢价效应则超过了其学习效应；专用设备投资阻碍了相应生产环节的外包决策，交易费用对劳动密集型和资本密集型生产环节的外包决策存在负向影响，但技术密集型生产环节外包与否与交易费用无关，主要取决于养殖户自身的学习能力和心理预期。

经典的经济理论将农户视为"理性的经济个体"，对高经营效率的追求是理性养殖户实现经济利益的途径，也是要素配置是否合理的重要评价指标。本章的研究结论证明，即便生产性服务市场广泛存在，养殖户根据自身要素禀赋和要素交易成本进行分工决策，不同类型生产环节的外包决策表现出不同的特点。分工通过提高工人的熟练度、节约工作转换时间、促进发明提高劳动生产力（亚当·斯密，1776）。自亚当·斯密以来，通过劳动分工提高生产效率已成为国内外经济学界的广泛共识，甚至在大多数经济学家看来，分工与生产率的正向关系已成为"公理"（盛洪，1992），没有讨论的必要，正因为此，在"正统"经济学中几乎看不到对这一问题的讨论。直到杨小凯、黄有光等为代表的新兴古典经济学家用超边际分析法进一步论证分工演进对生产效率的提升作用，经济学界才重新开始讨论二者之间的关系。在农业生产中，尽管农业分工受季节特性、产品市场特性等因素的限制，但通过分工改善经营效率仍不失可能性（Greif，1994）。因此，在第 7 章要试图验证的是，养殖户的专业分工决策是否提高了其经营效率。

▶ 第 7 章 ◀

分工深化与效率提升

　　规模经营的本质在于经营效率的提高，通过效率测算找寻家庭经营的适度经营规模，是国内外学者常用的途径。森（Sen，1962）通过全要素生产率指标对印度农业部门的农业生产率进行测算；贝瑞和克莱因（Berry & Cline，1979）等对多个国家的农场规模和土地生产率进行比较；科尔尼亚（Cornia，1985）测算并比较了 15 个国家的农场规模、投入产出及农业生产率，发现孟加拉国、秘鲁和泰国的农场规模和农业生产率之间呈正相关关系。多列夫和辛奇（Dolev & Kimhi，2010）运用工具变量法研究发现，技术效率是决定农场规模的重要因素，忽视技术效率对规模变化的影响将导致结论偏差。

　　在农业生产中，生产环节分工历来被视为小农场提高经营效率的经营策略，通过将部分生产环节外部化，不仅可以使农户更合理地配置其可用资源（劳动力和资本），还可使小农户享受外部规模化带来的溢价效应从而提高其技术效率（Picazo – Tadeo & Reig – Martínez，2006）。诸多研究已经证实了农户将部分生产环节外包与经营效率存在正向关系，如 Picazo – Tadeo & Reig – Martínez（2006）通过对西班牙东部的柑橘种植户调查研究发现，小规模农户可以通过生产外包和资本投入，完成超出其物理规模的生产过程，从而提高其经营效率。罗富民、段豫川（2013）对川南山区农业生产效率和农业生产环节分工的关系进行研究发现，农业生产环节分工对山区农业生产效率有明显的促进作用。蔡荣、蔡书凯（2014）认为，生产外包可以通过两种途径影响外包主体的经营效率：一是接包方的规模化和专业化作业可使外包方获取更高效的服务和更优质的产品；二是外包方通过外包可以发挥自身的优势资源，促进自身经营的规模化和专业化。

尽管农业生产环节分工对农业经营效率的促进作用已经得到广泛共识，许多经验数据也验证了其正向关系，但二者之间的作用机制尚不明确。就已有文献来看，目前的研究多集中于种植业生产，对养殖业的研究还十分缺乏。本章基于对山东省潍坊市特种动物养殖业的微观调研数据，运用 DEA-Tobit 两阶段模型定量分析生产环节分工对经营效率的影响。DEA-Tobit 模型是 DEA 分析衍生出的一种"两阶段法"（Two-stage Method），首先通过 DEA 模型评估出各决策单元的效率值，然后对效率值（因变量）与各影响因素（自变量）进行 Tobit 回归，定量分析各自变量对效率值的影响方向和强度（曹文杰，2014）。通过分析，试图达到以下目的：验证养殖户的专业分工决策对其经营效率的影响机制及影响方向，同时分析影响养殖户经营效率的其他因素，为今后改善特种动物养殖环境，持续深化农业分工，促进经营效率提供实证依据。

7.1　养殖技术效率

7.1.1　DEA 模型原理

数据包络分析（DEA）是在多投入、多产出情况下测算决策单元（DMU，Decision Making Units）相对效率的一种非参数效率测算方法。相对于参数方法，非参数方法不需要事先限定生产前沿面的具体函数形式，而是利用线性规划方法构造"帕累托有效"生产单元所组成的分段边缘，通过最优化每一个生产单元来进行效率度量。

DEA 方法最早由美国运筹学家查恩斯，库伯和罗恩罗德（Charnes，Cooper & Rhodes，1978）基于法雷尔（Farrel，1957）提出的"相对效率评价"概念发展而来，其目的在于评价具有相同投入产出结构的决策单元（DMU）的相对有效性。DEA 方法对决策单元的效率评价是基于帕累托最优的概念，即决策单元通过两种途径实现效率最优：一是除非增加资源的投入或减少其他产出项的产量，否则，任一产出项的产量都无法增加；二是，除非减少产出项的产量或增加其他产出项的资源投入，否则任一投入项的投入量都无法减少。DEA 方法的原理是基于边际收益理论和线性规划理论，通过保持决策单元的输入或输出不变，借助数学规划方法构建一条将所有观测点包络其中的生产前沿面，并通过比较决策单元偏离 DEA 前沿面的程度来评价它们的相对有效性（Coelli，1996）。

假定有 N 个决策单元，每个单元使用 K 种投入要素来生产 M 种产出，则测算第 i 个生产单元的相对效率值，即是求解以下线性规划问题：

$$\min\theta$$
$$s.\,t.\ -y_i + Y\lambda \geq 0$$
$$\theta x_i - X\lambda \geq 0$$
$$\lambda \geq 0,\ i = 1,\ 2,\ \cdots,\ N$$

其中，θ 是标量，λ 是一个 $N \times 1$ 的常向量，所求解的 θ 就等于所观测样本的相对效率值，其为无量纲，一般有 $\theta \in (0,\ 1]$。对于任一决策单元，通过线性规划求解，建立对偶模型并进一步引入松弛变量 s^+ 和剩余变量 s^-，则有：

$$\min\theta$$
$$s.\,t.\ \begin{cases} \sum_{j=1}^{n} \lambda_j x_j + s^+ = \theta x_0 \\[2mm] \sum_{j=1}^{n} \lambda_j y_j + s^- = y_0 \\[2mm] \lambda_j \geq 0,\ j = 1,\ 2,\ \cdots,\ n \\[2mm] \theta\ 无约束,\ s^+ \geq 0,\ s^- \geq 0 \end{cases}$$

设上述问题的最优解为 λ^*、s^{*-}、θ^*，则有如下结论与经济含义：

（1）若 $\theta^* = 1$，且 $s^{*+} = 0$，$s^{*-} = 0$，则决策单元DMU_{j0}的生产活动同时满足技术有效和规模有效；

（2）若 $\theta^* < 1$，决策单元 DMU_{j0} 不是 DEA 有效，其生产活动既不是技术效率最佳，也不是规模效率最佳。

（3）λ_j 的最优值可用来判别 DMU 的规模收益情况。若存在 λ_j^*（$j = 1, 2, \cdots, n$）使 $\sum \lambda_j^* = 1$ 成立，则 DMU_{j0} 为规模收益不变；若 $\sum \lambda_j^* < 1$，那么DMU_{j0} 为规模收益递增，若 $\sum \lambda_j^* > 1$，那么 DMU_{j0} 为规模收益递减。

依据规模报酬是否可变的不同假设，DEA 方法发展为 CCR 模型和 BCC 两种模型。CCR 模型假设在规模报酬不变决策单元处于最优生产规模的情况；然而，其规模报酬不变的假设条件一般不符合现实情况。为解决这一局限性，班克，查恩斯和库伯（Banker，Charnes & Cooper，1984）将规模报酬不变的 CCR 模型进行修正，提出规模报酬可变的 BCC 模型。BCC 模型将技术效率（TE）进一步分解为纯技术效率（PE）与规模效率（SE），其中，纯技术效率衡量各投入要素的使用效率，规模效率则衡量各投入要素比例是否恰当，且$TE = PE \times SE$。因此，导致技术无效率的原因包括两个方面：一是生产技术的低水平利用导致的纯技术低效率；二是各要素未处于最佳配置比例而导致的规模无效率。相对 CCR 模型，BCC 模型能够更准确地衡量所考察对象的经营管理效率。

图 7-1 直观地描述了技术效率、纯技术效率和规模效率三者之间的关系。

OABC 为规模报酬不变情况下的生产可能性曲线，投入导向下，A、D 两种投入具有相同的产出水平 Y_A，但相对 A 点来说，D 点以更大的投入量得到相同的产出量，因此，D 点技术无效率。

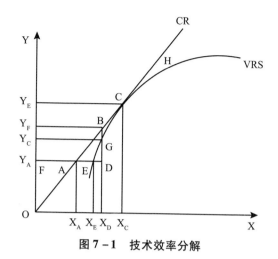

图 7-1 技术效率分解

EGCH 为规模报酬可变情况下的生产可能性曲线，投入导向下，D、E 两种投入具有相同的产出水平 Y_A，但相对 E 点来说，D 点以更大的投入量得到相同的产出率，因此，D 点技术无效。BCC 模型将技术效率分解为纯技术效率和规模效率，其中技术效率 $TE = \dfrac{FA}{FD}$；纯技术效率 $PE = \dfrac{FE}{FD}$；规模效率 $SE = \dfrac{TE}{PE} = \dfrac{FA}{FE}$。

7.1.2 效率指标

随着特种毛皮动物养殖业的市场需求逐渐增大，养殖技术提高，进行规模经营既具可能性也具现实性。以规模报酬可变为前提的 BCC 模型更符合特种动物养殖业中长期发展的实际情况。此外，BCC 模型对技术效率的分解可以更直观地评价特种动物养殖的要素配置效率。因此，本文采用 BCC 模型评价特种动物养殖户的经营效率。同时，相对于产出来说，农户更容易对投入进行调整以改变效率结果，因此，本文基于投入导向对养殖户的技术效率进行测度。

运用 DEA 方法评价规模经营效率主要考虑投入及产出两个维度，即便作为生产决策单元的各个养殖户使用相同种类的投入生产相同种类的产出，但由于每个养殖户采取和使用的生产工序和技术不同，最终也会导致产出水平的差异（王学渊，2008）。为全面、准确地反映养殖户的投入结构，合理测度不同决策单元之间的效率差异，本研究遵循指标的全面性、可控性及相关数据的可得性、准确性原则选取投入产出指标。

7.1.2.1 产出指标

生皮是特种毛皮动物养殖的主要产出品，生皮的数量和质量同时体现了养殖户的产出水平。一般来说，价格是质量的最佳表现形式，在生皮销售过程中，除了质量，养殖户的销售能力（谈判能力、资金能力①等）也会影响生皮的销售价格，但随着皮贩商与养殖户之间的长期合作关系越来越密切，销售价格一般都能较准确地反映生皮的质量。由于个人因素导致的价格差异越来越小，因而，在本部分的分析中，忽略由于个人销售能力对销售价格产生的差异，即用生皮数量与平均销售价格的乘积表示产出。

7.1.2.2 投入指标

商品狐要经过种兽繁殖、幼仔育成（从幼兽断奶分窝到育成取皮）、取皮、销售等过程才能实现收益，其间要投入土地、资本等物质性要素，也要投入种畜、劳动力等非物质性要素。据此，研究选取以下变量作为投入指标。

种兽（雌）：种兽是养殖业中必不可少的投入要素，直接关系到养殖户的产出水平。对于水貂养殖业来说，种兽（雌）投入的多少，直接关系到生皮的产量，因而，将雌性种兽的数量（只）作为投入指标之一。根据专家的意见，本文对微观数据中每只水貂的种兽数量折算为1/2只狐狸。

---

① 有时养殖户为获得更优的价格会延迟销售，此时可能会面临一定的资金压力。

土地：实际上，养殖规模对土地要素的依赖性要远远小于种植业，根据养殖对象的生活习性和卫生要求，一定单位的土地上可能承载的最大养殖密度是不同的，在养殖规模扩展到土地最大承载量之前，土地面积并非规模扩张的制约因素。只有当养殖规模超过土地的最大承载量时，养殖规模才受制于土地要素的规模。据了解，目前样本区的大多数养殖户在规模扩张过程中都已经开始面对土地要素的限制。为了更好地衡量土地对经营效率的影响，仍将土地要素作为投入指标。

劳动力：劳动力包括家庭专门从事水貂养殖的劳动力、兼业劳动力和雇佣劳动力三种，其中兼业劳动力按劳动时间折算。

直接资本投入：指养殖过程中直接投入的资本，包括饲料、疫苗、药品投入。与种兽规模的数据处理过程类似，本章中对水貂和狐狸的成本投入进行了 1∶2 折算。

间接资本投入：包括固定资产折旧、资金成本、喂养工具等。

表 7 - 1 为决策单元的投入产出指标体系。

表 7 - 1   **投入产出指标体系**

效率指标	产出指标	投入指标
技术效率	生皮收益	种兽
纯技术效率	—	土地
规模效率	—	劳动力
—	—	直接资本投入
—	—	间接资本投入

表 7 - 2 为各指标的说明及基本统计信息。

表7-2　　　　　　　　投入产出指标说明及描述性统计

变量名称	变量说明	均值	标准差
生皮收入	当年销售的生皮量与平均价格的乘积	409592.8	296102.7
种兽	只	157.31	100.29
土地	亩	1.94	0.95
劳动力	人	2.07	0.75
直接资本投入	饲料、疫苗、药品	204817.3	146360.7
间接资本投入	资金成本、固定资产折旧、工具	5553.31	4824.56

资料来源：笔者调研。

7.1.3　技术效率评价及分析

DEA 模型要求投入和产出变量都为正向变量，同时各投入产出之间要存在正相关关系，因此在采用 DEA 模型分析养殖规模效率之前，运用软件 Stata16 对产出与投入要素的相关性进行分析（如表7-3所示）。

表7-3 的分析结果表明，所有的投入指标和产出指标间的相关性都达到了 0.01 的显著性水平，为强正相关关系，说明本研究所选取的投入产出指标符合一般 DEA 分析方法应用的前提。

表7-3　　　　　　　　　　投入产出指标相关性分析

指标名称	生皮收益	种兽	土地	劳动力	直接资本投入	间接资本投入
生皮收益	1.000					
种兽	0.819***	1.000				
土地	0.597***	0.678***	1.000			
劳动力	0.699***	0.654***	0.576***	1.000		
直接资本投入	0.957***	0.876***	0.652***	0.704***	1.000	
间接资本投入	0.746***	0.775***	0.812***	0.702***	0.782***	1.000

注：*** 表示 0.01 的显著性水平。

本文采用 Deap2. 1 软件对 153 个决策单元进行投入导向的综合技术效率测算，并将其分解为纯技术效率和规模效率的变化（具体见表 7－4）。表 7－4 为技术效率、纯技术效率和规模效率的频度分布；表 7－5 为各投入指标的松弛变量平均值。

表 7－4　　　　　　　　　　效率频度分布

效率值 （%）	综合技术效率 TE	纯技术效率 PE	规模效率 SE
0 ~ 10	0	0	0
10 ~ 20	0	0	0
20 ~ 30	0	0	0
30 ~ 40	0	0	0
40 ~ 50	7 （4. 58）	0	0
50 ~ 60	20 （13. 07）	4 （2. 61）	6 （3. 92）
60 ~ 70	42 （27. 45）	6 （3. 92）	14 （9. 15）
70 ~ 80	39 （25. 49）	38 （24. 84）	27 （17. 65）
80 ~ 90	22 （14. 38）	52 （33. 99）	35 （22. 88）
90 ~ 100	14 （9. 15）	30 （19. 61）	60 （39. 22）
100	9 （5. 88）	23 （15. 03）	11 （7. 19）
均值	0. 729	0. 851	0. 858

资料来源：根据笔者调研数据计算整理。TE、PE、SE 分别代表综合技术效率、纯技术效率和规模效率。

表 7－5　　　　　　　　　　投入松弛变量（均值）

雌兽	土地	劳动力	直接资本投入	间接资本投入
21. 958	0. 076	0. 029	2711. 207	656. 976

资料来源：根据笔者调研数据计算整理。

总技术效率： 从表 7－4 的结果来看，153 个决策单元的综合技术效率均值为 0.729，即在总产出不变的情况下，可以节约 27.1% 的投入。153 个决策单元中，达到最优综合效率的决策单元只有 9 个，占全部样本的 5.88%，说明大部分养殖场的规模效率偏离了生产前沿面，在生产过程中存在资源浪费、效率损失的现象。

纯技术效率：样本平均纯技术效率 0.851。具体来看，153 个决策单元中共有 53 个决策单元的平均纯技术效率超过了 90%，占全部决策单元比例的 34.64%，其中纯技术效率有效的决策单元有 23 个，占全部决策单元比例的 15.03%，表明这些养殖户的生产技术水平得到了充分的发挥；从总体来看，养殖场的纯技术效率水平依然偏低，需要通过引进新技术、加强管理水平提高纯技术效率。

规模效率：在所有决策单元中，只有 11 个达到了规模有效，说明其他养殖户并没有实现规模收益不变的最佳经营状态；但从土地要素的松弛变量来看，样本单位的土地规模均值只有 0.076 亩，153 个决策单元中，只有 30 个决策单元可以在保持产出水平不变的前提下减小土地面积，说明大部分养殖户的养殖场已经达到了充分利用，要提高规模经营效率，应增大养殖场规模，同时引进先进的管理技术。

7.2 分工决策对技术效率的影响机制

7.2.1 理论分析

马歇尔（1890）认为专业分工通过两种途径改善经营效率：外部效应包括集聚效应、规模效应和专业化效应；内部效应则通过专业化实现的劳动生产率上升实现。杨小凯等（2003）采用超边际分析方法进一步论证了分工演进对提升生产效率的作用。农业分工演进是从产业分工、农产品种类分工及生产环节分工不断深化的过程，已有文献实证分析结果发现，不同类型的分工对农业生产效率的促进作用存在差异。产业分工为农业生产者提供更多的非农就业可能，小农户通过兼业可以有效促进农业经营效率的提高（Fleming & Hardaker，1994）；农产品的区域分工一方面通过品种专业化改善技术效率（Coelli & Fleming，2004）和全要素生产率（Huffnlan & Evenson，2000）；另一方面通过改善完全竞争型的农产品市场结构，从而提高农民收入（王继权、姚寿福，2005），但缺乏范围经济却可能对其专业化效应具有反向影响（罗富民、段豫川，2013）；生产环节分工是从分工视角对农业规模经营的重新审视，通过生产环节外包，发包方可以获得内部专业化效应，同时享受市场专业化带来的分工溢价（蔡荣、蔡书凯，2014），接包方则通过专业化与规模化服务供给降低服务成本，改善外包双方福利。

7.2.2　模型设定

养殖户的经营效率取值为 0 到 1 之间的常数，对于因变量被截断（Truncated）或删失（Censored）的情形，运用最小二乘回归方法会导致有偏和不一致的估计结果，此时，由詹姆斯·托宾（James Tobin，1958）提出的 Tobit 回归模型是一种较好的选择。Tobit 模型是主要针对受限因变量的回归模型，依据截取点的不同，Tobit 模型具有不同的表现形式。Tobit 回归模型与极大似然参数估计结果一致，是有效的、服从渐进正态的分布（Green，2003），鉴于此，本文运用 Tobit 模型来考察影响养殖户经营效率的影响因素。

若 TE_i 为第 i 个养殖户的技术效率值，x_i 为影响技术效率的因素，TE_i^* 为潜在技术效率，服从正态分布。则：

$$TE_i^* = \alpha x_i + \varepsilon_i$$

$$TE_i = \begin{cases} TE_i^* & 0 < TE_i^* \leqslant 1 \\ 0 & \text{otherwise} \end{cases}$$

$$(i = 1, 2, \cdots, N)$$

当 $0 < TE_i^* \leqslant 1$ 时，$TE_i^* = TE_i$ 表示可观察到养殖户的技术效率值；否则其技术效率值便无法观察到。α 为待估系数向量，ε_i 为随机扰动项，$\varepsilon_i \sim N(0, \sigma^2)$。

7.2.3　变量说明

本研究的目的重点在于考察养殖户的专业化决策对其经营效率的影响，但基于前人的研究，养殖户的家庭特征、养殖场特征及经营特征都将影响其经营效率，因此，在实证模型中需要控制这些因素对经营效率的影响。

其中，养殖户的专业分工决策用其生产外包程度来度量。对于外包程度的度量，目前国内学者用得比较多的是赫姆斯等（Hummels et al.，2001）提出的垂直专门化比率（Vertical Specialization Share），即用一国出口商品中的进口中间品价值来衡量外包程度。此外，芬斯特拉和汉森（Feenstra & Hanson，1999）提出 FH 指标，用以度量行业的外包程度，FH 指标将外包发展程度表示为进口的中间投入品在总的中间投入中的比例，即：

$$FH_i = \sum_j \frac{X_i^j}{Y_i} \frac{M_j}{C_j}$$

其中，X_i^j 表示行业 i 的中间投入品来自产品 j 的部分，Y_i 表示行业 i 中所有的中间投入品，M_j 和 C_j 分别表示 j 产品的总进口和总消费。

盖斯赫克和戈格（Geishecker & Gorg，2004）采用广义和狭义的外包概念，用中间投入品的进口金额占总产出的比例来衡量一国某行业承接国际外包的程度：

$$Out_{jt}^{narrow} = \frac{IMP_{jt}}{Y_{jt}}$$

$$Out_{jt}^{wide} = \sum_{j=1}^{n} \frac{IMP_{jt}}{Y_{jt}}$$

其中，Out 表示外包程度，IMP 表示中间投入品进口金额，Y 为总产出。借鉴前人对外包的度量方法，陈超，李寅秋、廖西元（2012）将水稻的生产环节外包程度表示为：

$$OS = \sum_j \omega_j \frac{C_j}{I_j}$$

其中，OS 表示生产外包的程度，ω_j 表示 j 生产环节在整个生产过程中的重要程度，C_j 表示 j 生产环节中外包的花费，I_j 表示 j 环节的投入水平。

对于特种动物养殖中各生产环节的外包，只有两种状态：外包或不外包，本研究没有考虑部分外包的中间状态。因此，$C_j = I_j$，养殖户的分工程度为：

$$LD = \sum_j \omega_j$$

借鉴陈超等（2012）的处理方法，用某环节的投入占生产总投入的比重来表示该环节的重要性，则有：

$$LD = \frac{\sum_j C_j}{I_总} = \frac{C_总}{I_总}$$

其中，$C_总$ 为外包生产环节的总支出，$I_总$ 为所有生产环节的总支出。

分工程度与其他控制变量的描述性统计如表 7-6 所示。

表 7-6　　　　　　　　各变量说明及描述性分析

变量类型	变量名称	变量定义	均值	标准差
被解释变量	技术效率（TE）	一定产出水平下最小投入与实际投入的比率	0.73	0.14
	纯技术效率（PE）	生产技术利用效率	0.85	0.11
	规模效率（SE）	各投入要素配置效率	0.86	0.12
解释变量	分工程度（LD）	外包环节支出/所有环节支出	0.30	0.24

变量类型	变量名称	变量定义	均值	标准差
	年龄	户主实际年龄（岁）	49.31	7.23
	教育程度	户主实际受教育时间（年）	7.14	2.25
控制变量	特养劳动力	（人）	1.95	0.47
	养殖场面积	（亩）	1.94	0.95
	养殖经验	养殖户实际养殖年限（年）	15.54	4.81

资料来源：根据笔者调研计算而得。

7.2.4　计量结果与分析

本文运用 Stata16 进行 Tobit 回归结果，如表 7 – 7 所示。

表 7 – 7　　　　　　　　　Tobit 模型回归结果

变量	TE	PE	SE
分工程度	0.134 ** (2.331)	0.028 (0.661)	0.136 *** (3.200)
年龄	− 0.004 * (− 1.869)	− 0.001 (− 0.896)	− 0.003 * (− 1.881)
教育程度	− 0.003 (− 0.457)	− 0.008 * (− 1.955)	0.005 (1.083)
特养劳动力人数	0.040 (1.598)	− 0.009 (− 0.522)	0.052 *** (2.848)
养殖场面积	− 0.013 (− 0.943)	− 0.047 *** (− 4.163)	0.030 *** (2.848)
养殖年限	0.001 (0.258)	− 0.002 (− 1.359)	0.003 * (1.739)

注：括号内为 t 值，* 、** 、*** 分别表示在 10%、5% 和 1% 的水平下显著。

根据表 7-7 的估计结果，具体分析如下。

7.2.4.1　养殖户分工程度对效率的影响

从回归结果可以看出，养殖户外包程度的提高会显著提高其综合效率和规模效率。显然，养殖户在自身资源有限的情况下，理性地选择将部分生产环节外包，使其资源禀赋实现了一定的规模收益。然而，外包程度的提高对技术效率的提高却不存在显著的效果。这说明尽管外包现象普遍存在，但接包方显然没有发挥其规模化和专业化优势提升服务的技术水平，即外包生产环节并未促进生产技术的显著提高。从调研中可以看出，养殖户外包较多的生产环节多为劳动密集型生产环节，而对技术密集型生产环节如繁殖技术、饲养技术则经历了从外包到自己完成的转变。原因是外包技术密集型生产环节面临的机会成本太大，而目前又缺少足够强有力的监管机制和事后处置机制让养殖户面临风险时减少损失。因而，选择效率较低的分散自主经营是养殖户的最佳选择。

7.2.4.2　养殖户年龄对效率的影响

从回归结果来看，养殖户年龄越大，其综合效率和规模效率越低；而年龄对纯技术效率不存在显著的影响，但从影响方向看，年龄越大，纯技术效率也存在降低的趋势。访谈中发现，养殖户年龄是规模扩张的重要制约因素。随着养殖户年龄的增大，劳动能力下降，在劳动力不足的情况下，养殖户只能选择无效的养殖规模。而养殖户年龄对规模的限制更多的是与大多数养殖户没有继承人有关。这些养殖户都不希望他们的后代继续从事特种养殖，他们的子女也大多有了一份相对稳定且高收入的工作，乡村的养儿防老的观念也使他们没有更强的动力去扩大规模，而只是将特养作为打发时间的消遣而已，他们不指望特养能给他们带来更多的收入，而只是希望能维持他们日常生活。

7.2.4.3 教育程度对效率的影响

以往的研究大多都证明，教育程度越高，养殖户经营效率越高，这与本文的研究结论相反。养殖户的教育程度对其纯技术效率均有显著的负向影响，这可能与养殖户教育水平普遍较低有关。养殖技术一方面来自培训学习，另一方面则来源于"干中学"的积累。教育水平较高的养殖户，一般养殖年限都较少，因此，积累的经验也较有限，因而，其学习效应并不能超过经验积累效应，由此导致其教育水平越高，反而效率越低。

7.2.4.4 特养劳动力人数对效率的影响

特种养殖属于劳动密集型产业，劳动力充裕与否，直接影响其经营效率。从回归结果来看，特养劳动力越多，规模经营效率越高，这说明劳动力充裕的养殖户达到最佳经营规模的概率越高。这从侧面反映了目前的养殖户未达到最佳养殖规模的原因，多是由于缺乏劳动力而致。可见，目前大多数养殖户的规模偏小。

7.2.4.5 养殖场面积对效率的影响

回归结果显示，养殖场面积正向影响养殖户的规模效率，负向影响其技术效率，即养殖户养殖面积越大，规模效率越高，技术效率越低。这是由于目前大多数养殖户都处于规模偏小的状态，因而，增大规模有利于提高规模效率。而技术效率则取决于养殖户的技术水平与经营条件的匹配程度。规模越大，技术效率越低，说明养殖户在扩大养殖规模的过程中并没有相应地选择适合其规模的技术水平。事实上，在调研中发现，目前养殖户的规模普遍偏小，还不能达到使用更高水平生产技术的条件，因而，即使养殖户扩大了养殖规模，也只能仍然选择较低的技术水平，规模越大，技术与规模不匹配程度越高，因而，技术效率越低。通过访谈得知，养殖户在规模扩展过程中，大多是一个循序渐进的过程，而这必然造成规模与技术在很长一段时间内都不匹配，从而造成技术效率低下。可见，要使养殖户的养殖规模与技术水平相匹配，应使养殖户的规模跳跃式扩展，这需要当地政府在土地、资金等方面加以支持。

7.2.4.6 养殖年限对效率的影响

养殖年限对养殖户的规模经营效率有显著的正向影响，而对综合技术效率和纯技术效率没有显著的影响。从影响方向来看，养殖年限越长，技术效率反而越低。养殖工具及设备是养殖技术的重要表现，养殖年限越长，越难以在短期内抛弃旧的生产技术向新的生产技术过渡，访谈中也证实了这一点，越是养殖时间长的养殖户，当新的生产技术产生时，他们完成新旧技术更替的时间越长。这也是养殖年限对技术效率反向影响的重要原因。另外，特种养殖具有全年投入，一次收益的特性，因而每年的收益大部分都要作为下一年度的投入资金，这也决定了若要大幅度扩展规模，需要强有力的资金支持。实际上，当地的信用社贷款大多按照实际养殖规模审核授信额度，不足以用于大幅度扩展规模，因而，在养殖的最初，大多数养殖户的规模扩张都是一个循序渐进的过程，养殖年限越多，规模越大，越接近最佳养殖规模。随着信贷政策的支持，许多新养殖户可以利用贷款一次性完成规模扩张，在一定程度上抵消了养殖年限的积累效应，这也是养殖年限对经营效率影响不显著的原因。

7.3 本 章 小 结

本章利用 DEA 方法测算了养殖户的经营效率，结果发现，大多数养殖户并没有达到最佳的经营状态，存在资源浪费、效率损失等现象；养殖规模效率普遍偏低，但原因不在于土地资源的浪费，而在于土地扩张的限制使养殖规模普遍偏小，从而导致资源配置效率低下。本章还利用 Tobit 模型考察了养殖户的分工程度对其经营效率的影响。结果发现，养殖户的分工程度越高，养殖户的技术效率和规模效率越有显著地提高，而分工对纯技术效率的影响则并不显著，这说明随着养殖户参与社会分工程度的提高，综合效率提高主要源于规模效率的提高。王继权、姚寿福（2005）的研究指出，农户的专业化生产能提高效率的原因，一方面来源于农户通过专业化生产使经营面积相对扩大，从而提高资源配置效率；另一方面则来源于因专业化生产而产生的专业化溢价。从本研究的结果来看，分工对经营效率的影响更多的是通过扩大相对规模而产生的资源配置效率发挥作用，养殖户专业化产生的技术溢价效应并不显著，这在调研中也得到了印证。

调研发现，许多养殖户的技术密集型生产环节都经历了"自营—外包—自营"的转变模式，章节 7.2 中也分析了养殖户将技术密集型生产环节自己经营的原因，从侧面反映了技术专业市场并没有发挥其规模优势，没有显著促进技术进步，因而导致养殖户将该生产环节外包带来的收益不足以弥补其所承受的损失。

通过本章的分析可以发现，养殖户的分工水平对其经营效率确实存在显著的影响。对养殖户来说，经营效率的高低将直接影响其今后的经营决策，或者退出，或者继续扩大养殖规模。无论微观经济主体做出何种选择，在宏观上都表现为产业结构的重新调整和布局。基于此，有必要对养殖户的规模演进趋势进行深入的研究，以从整体上把握产业演进的脉络。

▶ 第8章 ◀

分工深化与规模演化

养殖业作为农业生产的重要分支，无论是发达国家还是发展中国家的经验，都呈现出养殖场数量和养殖规模反向变动的趋势（Barto-lini. & Viaggi. , 2013；Rahelizatovo & Gillespie, 1999；Foltz, 2004；Breustedt & Glauben, 2007；Kitov, 2011；沈银书、吴敬学, 2011；乔颖丽、吉晓光, 2012），即农场数量经历由少到多再减少的过程，相应地，农场经营规模则经历由小到大，继而相对稳定的过程（杨树春, 1990）；规模化养殖模式较散养模式具有更强的盈利能力（沈琼等, 2004；于爱芝, 2005；张存根, 2006），同时有利于技术的普及和标准化养殖的推进（胡浩、张晖等, 2009）；随着集约化、标准化养殖场生产效益的稳定，散养模式将进入"拐点"，散养户将逐步退出养殖（刘少伯, 2007），取而代之的是规模化、现代化的养殖场。现有农户的退出是土地、劳动力等生产要素在现有产业中重新配置或实现产业间转换的前提条件（Bont & Soboh et al. , 2010），而农户规模的自我调整是产业结构优化的一种实现路径。

从第7章的实证结果来看，养殖户的专业决策对经营效率的影响主要来源于规模效率的提高，即通过扩大养殖规模而实现资源配置效率的改善。不同于传统种植业，特种动物养殖业对土地要素的需求是间断式增长的，即在一定的养殖场面积下，养殖户往往需要较长时间才能将畜群规模扩大至最佳养殖密度，从而再次产生对土地要素的需求。因而，特种动物养殖户的规模化决策表现为两个阶段：在一定土地面积上的畜群规模增加和达到最佳养殖密度之后的养殖场规模扩大。从特种动物养殖的现状来看，养殖规模远远没有达到规模经济的需求，养殖场规模和畜群规模过小，已经成为现代化技术和设备引进的主要制约因素。在大多数养殖户（80.39%）已经达到了最大养殖密度的情况下，面临的问题便是：养殖户将如何继续调整其养殖规模？本章主要运用静态的微观调研数据验证养殖户的畜群规模调整意愿的影响；下一章则从动态视角分析养殖户的专业决策对养殖场规模演化的影响。

8.1 理论分析与研究假设

8.1.1 理论分析

通过笔者与特种养殖户的多次访谈发现，养殖户的规模调整行为分为三种形式：持续扩大畜群规模；保持畜群规模不变；减小畜群规模或通过变卖固定资产的形式降低生产能力。对于目前的养殖规模来说，远远没有达到规模经济的需求，现有的规模也无法引进先进的技术和设备，受繁殖率和产品价格波动的影响，若只保持现有规模，基本都会逐渐萎缩，最终退出特种养殖业。因而，维持规模不变和减小规模、变卖固定资产，都是农户逐步退出的一种信号。为防止生皮价格的突然降低造成收入锐减，多数养殖户每年都会持续地扩大养殖规模，以保证逐年递增的出皮量。种兽来源一般是自留或与其他养殖户交换，但自留种兽与当年的皮兽是此消彼长的关系，自留种兽越多，意味着当年的出皮量会越少，而当年的出皮量直接影响到本年的收益和下一年度饲养的资金丰裕度。因而，养殖户每年增加的种兽数要视自身的经济实力而定，一般在 3~50 只不等。同时，保持逐年增长的种兽规模也为了防止疫情、空怀率增加和突发事件造成的出皮量锐减。在大多数养殖户已经达到最大养殖密度的情况下，畜群规模的持续扩大必然推动新养殖场的建设，养殖户一般在进行养殖场扩建之前，就开始增加种兽规模，以便在不影响每年收益的情况下尽快扩大畜群规模。可见，目前养殖户对畜群规模的持续扩大也是规模化养殖模式实现的信号。

发展经济学认为，农户投资决策是比较利益驱动的结果。要素禀赋结构及技术选择决定的生产率决定了农户经营的成本（Breustedt & Glauben，2007），只有当技术选择位于相对要素禀赋结构决定的最低成本线上时，农场才能持续盈利（林毅夫，2002），否则便会退出经营。对特养农户来说，养殖场扩建不仅意味着短期内激增的资金成本，也意味着引入现代化生产要素带来的高效率。养殖户当前的要素禀赋和技术选择，在一定程度上反映了其未来获得高收益的能力，但养殖户对未来市场的预期也是影响规模决策的重要因素。

8.1.2　研究假设

基于以上理论分析和已有研究成果，主要有以下要素影响养殖户规模调整决策。

（1）户主基本特征。户主是家庭决策的主导力量，基于企业生命周期理论，盖尔（Gale，2003）提出农场的投资决策受户主的能力、健康状况等的影响；是否有继承者、户主的职业规划等因素也影响其规模化判断。

（2）养殖场特征。农场的退出比率与农场特征、区域市场条件有密切关系。养殖场特征包括养殖场面积和养殖场的所有权性质，一般来说，养殖场面积越大，自己具有支配权的养殖户退出养殖的概率越低。

（3）家庭劳动力。家庭劳动力的兼业情况直接影响养殖户的劳动力供给，非农收入增加，农业劳动力机会成本提高，从而导致农业劳动力缺乏，是农户经营规模偏小甚至退出的重要因素（Weiss，1999；Gozte，2001；Ahearn，Yee et al.，2005）。

（4）技术选择。技术发展及应用是农场规模与数量的重要决定因素（Akimowicz，Magrini et al.，2013），从宏观领域来看，技术进步和经济规模呈正相关关系（Tweeten，1984）；从微观层面来看，农户的资源禀赋和技术选择共同决定了其经营成本。

（5）风险预期。包括对市场价格的预期和风险的预期。盖尔（2003）的研究显示，农户的风险态度直接影响其未来的投资决策。一般来说，对于经营风险较高的特种动物养殖业来说，农户对风险的规避态度可能更容易导致其退出经营；然而，在风险态度一定的情况下，农户对风险的认知情况直接影响其投资决策。

（6）市场条件。市场条件一方面指各要素市场的发展状况，健全的市场体系使农户更容易通过市场获得生产要素，市场扭曲与信息缺失加剧了养殖户的退出（宋连喜，2007；Kazukauskas，Newman et al.，2013）；另一方面则指农户对市场条件的把握和应用能力，其中专业化是农户利用分工市场的直接表现，专业化经营的农户更有利于获得分工溢价和规模化溢价，从而有利于其规模化进程。

（7）政府政策。政府政策调节亦是农户投资决策的重要影响因素，农业补贴及价格支持政策显著地影响农户的投资决策（Viaggia，Raggib & Paloma，2011；Bartolini & Viaggi，2013）。实际上，多数农户的退出是自愿行为，政府政策只是改变了其退出的进程（Kazukauskas，Newman et al.，2011），政府补贴只是减缓而不能改变农户的退出决策，补贴政策的取消也只是加速了原本意欲退出农户的退出进度（Breustedt & Glauben，2007）。卡祖考斯卡（Kazukauskas，2014）认为，政策变动对农户经营决策的影响之所以有限，是因为农场主的人力资本和专用资本投资具有准固定资产的性质，流动性较差，因此变动准固定资产以适应政策变化的成本较高。

8.2　模型设定与变量选择

8.2.1　模型设定

养殖户的规模调整行为是一个逐步完成的过程，农户的投资变化和种兽规模的调整都可能是农户经营计划改变的一种信号。为详细了解养殖户的规模调整计划，调研中用陈述意愿（Stated Intentions）法获得经营者的事前计划。借鉴卡祖卡斯卡斯（Kazukauskas，2013）的研究，调研中设置了如下问题让养殖户陈述其未来 3 年的经营计划，以考察养殖户的规模调整预期。

P1：未来 3 年您是否会缩小畜群规模？

P2：未来 3 年您是否会变卖或弃置养殖场固定资产？

用 Y 表示养殖户的规模调整意愿，本研究根据养殖户退出意愿由弱到强的程度，进一步将养殖户的规模调整意愿分为：渐次退出（Y = 1）、缩小规模（Y = 2）和扩大规模（Y = 3）三类。其中缩小规模是指逐步缩小畜种规模或养殖场规模，包括未来 3 年可能会变卖种兽及部分固定资产；渐次退出则指养殖户在未来 3 年可能会同时减少畜种规模并弃置固定资产。若以上两项养殖户回答均为"是"，则认为其有强烈的退出意愿，Y 取值为"1"；若以上两项样本户的回答仅有一项为"是"，则养殖户会首先缩小规模，Y 取值为"2"；若样本户两项都回答"否"，则认为其在短期内不会退出养殖，则 Y 取值为"3"；具体赋值及样本分布情况如图 8 - 1 所示。

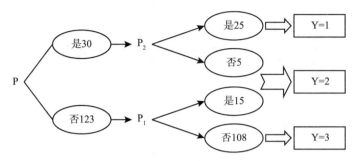

图 8 - 1　因变量赋值示意图及样本分布

养殖户规模调整决策包括扩大规模、缩小规模和渐次退出三种选择，样本分布如表 8 - 1 所示。

表 8 - 1　　　　　　　　　养殖户规模调整样本分布

规模调整	渐次退出	缩小规模	扩大规模
样本数	25	20	108
比例（%）	16.3	13.1	70.6

资料来源：笔者调研。

第 7 章对养殖户经营效率的分析发现：大多数养殖户在土地利用已经达到最大承载量的情况下，并未达到真正的规模效率，在这种情况下，扩大养殖场面积必然会提高规模效率，从而增加养殖户的家庭收益，养殖户理应有选择规模经营的意愿。然而调查发现，现有养殖户的经营意愿出现了两种不同的趋势：在所有养殖户中，70.6% 的养殖场有扩大养殖场经营面积，从而扩大养殖规模的意愿，平均意愿养殖场面积 7.05 亩，较目前的平均养殖场面积（1.94 亩）多出 5.11 亩。另外，39.4% 的养殖户不仅没有扩大经营规模的意愿，反而会选择某种方式缩减规模或退出生产。如前所述，农业分工是技术进步的重要源泉，而养殖户对市场分工的参与程度则是其进行技术选择的重要途径。为进一步考察养殖户的分工行为对其经营决策的影响，本章运用微观农户的调研数据对农户的规模调整决策进行实证分析。

缩小规模和渐次退出同是养殖户意欲退出养殖业的一种信号，但相对来说，渐次退出的退出意愿更强烈，退出进程更快，因此，三种规模调整决策之间存在明显的次序关系，对于因变量是有序变量的情况通常采用有序 Logit 模型（Ordinal Logit Regression Model，OLRM）进行回归。

$$y^* = \alpha + \sum_{k=1}^{K} \beta_k x_k + \varepsilon \qquad (8.1)$$

其中，y^* 表示事件的内在趋势，不能被直接观测；ε 为随机扰动项。

本研究中养殖户的规模调整策略共有 3 种水平，其中，$y=1$ 表示"渐次退出"；$y=2$ 表示"缩小规模"；$y=3$ 表示"扩大规模"。共有 2 个分界点 μ_j 将各相邻水平分开。即：

$$\begin{cases} y=1, \ y^* \leq \mu_1 \\ y=2, \ \mu_1 < y^* \leq \mu_2 \\ y=3, \ y^* > \mu_2 \end{cases} \qquad (8.2)$$

则给定 x 值的累计概率 $P(y \leq j \mid x)$ 可表示为：

$$P(y \leq j \mid x) = P(y^* \leq \mu_j) = P\left[\mu_j - \left(\alpha + \sum_{i=1}^{k} \beta_i x_i\right)\right]$$

$$(8.3)$$

对上式进行 Logit 变换，得到有序 Logit 模型的线性表达形式：

$$\text{LogitP}_j = \ln \frac{(P(y \leq j \mid x))}{(1 - P(y \leq j \mid x))}$$

$$= \mu_j - \left(\alpha + \sum_{i=1}^{k} \beta_i x_i\right) \qquad (8.4)$$

其中，α 为常数项，$x_i(i=1, 2, \cdots, k)$ 为影响养殖户规模调整策略的因素。β_i 为自变量的回归系数。

8.2.2　变量选择

基于已有研究成果，本研究认为以下因素影响养殖户的规模调整决策。

（1）户主基本特征变量，包括户主年龄、性别、教育程度、养殖经验。

（2）养殖场基本特征变量，包括养殖场面积、养殖场的所有权性质。

（3）家庭劳动力变量，包括家庭劳动力的数量及非农就业情况，其中非农就业情况用非农就业人数和特种动物养殖在家庭收入中的重要性表示。

（4）养殖户的技术选择变量。用饲料成本、防疫成本、繁育成本及专用资本投入来表征。

（5）市场预期变量。包括对市场价格的预期和风险的预期。其中市场价格预期用养殖户2012年对生皮价格的预期价格与当年实际成交价格的差异来表征；风险预期用养殖户对市场风险和技术风险的认知程度来表示。

（6）市场条件变量。在养殖户面对的市场环境相同的情况下，我们用养殖户对市场的可应用能力来表征养殖户所面对的市场。包括养殖户参与分工的程度、养殖户与收购商的关系、与饲料供应商的关系以及市场波动。

各变量说明及描述性统计如表8-2所示。

表8-2　　　　　　　　自变量取值及描述性分析

变量类别	变量界定	含义	均值	标准差
因变量	规模调整	1 = 渐次退出；2 = 缩小规模；3 = 扩大规模	2.54	0.76

续表

变量类别	变量界定	含义	均值	标准差
户主特征	户主年龄	实际年龄（岁）	49.31	7.23
	性别	0 = 男；1 = 女	0.35	0.48
	受教育程度	1 = 小学；2 = 初中；3 = 高中或中专；4 = 大专及以上	1.97	0.81
	养殖经验	年	15.54	4.81
养殖场特征	养殖场面积	亩	1.94	0.95
	养殖场所有权	1 = 租用；0 = 自建	0.12	0.32
劳动力特征	家庭劳动力	人	2.86	0.87
	非农就业	家庭中非农就业的人数（人）	0.92	0.92
	养殖重要性	水貂养殖收入在家庭收入中的比例（%）	0.77	0.21
技术选择	饲料成本	平均饲料成本（元）	286.37	46.54
	防疫成本	平均防疫成本（元）	3.21	1.74
	繁育成本	平均繁育成本（元）	140.85	112.54
	专用资产	平均专用资产投资（元）	269.39	141.40
市场预期	价格预期	市场成交价格与预期价格的差异	34.05	34.24
	市场风险认知	1 = 很小；2 = 影响不大；3 = 一般；4 = 较大；5 = 非常大	3.88	0.70
	技术风险认知	1 = 很小；2 = 影响不大；3 = 一般；4 = 较大；5 = 非常大	3.31	1.13
市场体系	分工程度	参与分工的生产环节投入所占比例	0.30	0.24
	与收购商的关系	1 = 不认识；2 = 认识但不熟悉；3 = 非常熟悉	1.81	0.70
	与供应商的关系	1 = 经常更换供应商；2 = 较固定；3 = 基本固定	2.34	0.74

资料来源：根据笔者调研计算而得。

8.3 计量结果与分析

运用 Stata16 软件对模型进行有序 Logit 回归估计，估计结果如表 8－3 所示：

表 8－3　　　　　　　　　　有序 Logit 模型估计结果

变量	系数	Z 值	变量	系数	Z 值
户主年龄	－ 0.262 ***	－ 3.997	繁育成本	－ 0.005 **	－ 2.090
性别	－ 0.810	－ 1.328	专用资产	0.003	1.470
受教育程度	0.798 *	1.895	价格预期	－ 0.016 **	－ 2.121
养殖经验	－ 0.167 **	－ 2.407	市场风险认知	－ 0.609	－ 1.584
养殖场面积	0.489	0.674	技术风险认知	－ 0.579 **	－ 1.974
养殖场所有权	－ 1.228	－ 1.325	分工程度	2.935 *	1.856
家庭劳动力	1.504 **	2.244	与收购商的关系	0.145	0.283
非农就业	－ 0.211	－ 0.269	与供应商的关系	0.594	1.508
养殖重要性	1.361	0.630	常数项 1	－ 12.240 **	－ 2.360
饲料成本	0.001	0.179	常数项 2	－ 10.717 **	－ 2.078
防疫成本	0.501 ***	2.714			
卡方检验值	105.75		显著性水平	0.0000	
－ 2 倍似然比	－ 70.72				

注：*、**、*** 分别表示在 1%、5% 和 10% 的水平上显著。

由于有序 Logit 模型的回归系数并不能直接反映各解释变量的边际效应，本文进一步估计了各解释变量的边际效应（如表 8－4 所示）。各解释变量边际效应的显著性与有序 Logit 模型中对应的解释变量回归系数显著性一致，但各解释变量对不同因变量取值的边际效应不同。

表 8 – 4　　　　　　　　　　　　有序 **Logit** 模型的边际效应

变量名称	Y = 1	Y = 2	Y = 3
户主年龄	0.006 ** (2.25)	0.018 *** (2.93)	– 0.025 *** (– 3.09)
性别※	0.023 (1.09)	0.063 (1.21)	– 0.086 (– 1.20)
受教育程度	– 0.020 (– 1.59)	– 0.056 * (– 1.77)	0.076 * (1.81)
养殖经验	0.004 ** (1.97)	0.012 ** (2.29)	– 0.016 ** (– 2.39)
养殖场面积	– 0.012 (– 0.70)	– 0.034 (– 0.70)	0.046 (0.70)
养殖场所有权※	0.049 (0.89)	0.118 (1.10)	– 0.167 (– 1.05)
家庭劳动力	– 0.037 * (– 1.81)	– 0.106 ** (– 2.05)	0.143 ** (2.12)
非农就业	0.005 (0.27)	0.015 (0.27)	– 0.020 (– 0.27)
养殖重要性	– 0.034 (– 0.61)	– 0.096 (– 0.62)	0.129 (0.62)
饲料成本	– 0.000 (– 0.18)	– 0.000 (– 0.18)	0.000 (0.18)
防疫成本	– 0.012 * (– 1.94)	– 0.035 ** (– 2.28)	0.048 ** (2.37)
繁育成本	0.000 * (1.80)	0.000 ** (2.06)	– 0.000 ** (– 2.12)
专用资产	– 0.000 (– 1.31)	– 0.000 (– 1.40)	0.000 (1.42)
价格预期	0.000 * (1.73)	0.001 ** (1.97)	– 0.002 * (– 2.02)

变量名称	Y = 1	Y = 2	Y = 3
市场风险认知	0.015 (1.29)	0.043 (1.42)	-0.058 (-1.43)
技术风险认知	0.015* (1.68)	0.041* (1.87)	-0.055* (-1.92)
分工程度	-0.072 (-1.64)	-0.206* (-1.82)	0.279* (1.86)
与收购商的关系	-0.004 (-0.28)	-0.010 (-0.28)	0.014 (0.28)
与供应商的关系	-0.014 (-1.31)	-0.042 (-1.42)	0.056 (1.44)

注：※表示虚拟变量从 0 至 1 离散变化的边际效应；*、**、*** 分别表示 10%、5% 和 1% 的显著性水平，括号内为 z 统计值。

从模型的估计结果看，养殖户的要素禀赋结构、风险认知、技术选择及市场波动等因素，显著影响养殖户的规模调整行为。具体分析如下：

8.3.1 劳动力要素禀赋结构对养殖户规模调整行为的影响

回归结果显示，户主年龄越大，养殖户扩大养殖规模的概率越小。盖尔（2003）研究指出，若没有继任者，家庭农场的生命周期与户主年龄、健康及存亡情况息息相关。调查显示，户主年龄 50 岁以上的养殖户，50% 以上有渐次退出或调整规模的计划（如表 8 - 5 所示），因为多数养殖户并不希望子（女）承父业继续养殖；有退出计划的养殖户，其子女一般都有稳定的收入，其自身也希望从此安度晚年或寻求更加安逸、舒适的工作环境。

表 8 - 5　　　　　　　　不同年龄段样本规模调整分布

变量定义	分类	样本数（%）	扩大（%）	不变（%）	缩小（%）
年龄	40 岁及以下	18（11.8）	18（100.0）	0（0.0）	0（0.0）
	41~50 岁	69（45.1）	61（88.4）	5（7.2）	3（4.3）
	51~60 岁	62（40.5）	28（45.2）	14（22.6）	20（32.3）
	61 岁及以上	4（2.6）	1（25.0）	1（25.0）	2（50.0）

资料来源：根据笔者调研数据整理。

　　户主受教育程度提高将使养殖户扩大规模的概率提高 7.6%。巴库纳斯（Bakucs，2009）认为，户主人力资本状况对农场的投资决策具有不确定性的影响。高素质养殖户主更容易接受新技术和先进的管理理念，更倾向于扩大养殖规模，同时面临更多的非农就业机会，更容易实现职业转换而退出养殖。调查发现：许多高素质养殖户在从事特种养殖之前，大多有相对稳定的工作，之所以选择特种动物养殖，是因为看好其发展前景，在特养之前已然完成了职业转换。这说明高教育水平的管理技能和技术掌握对退出的抑制作用，大于职业转换的效果，因此仅表现出正向的影响。

　　家庭劳动力增加，会提高养殖户扩大养殖规模的概率。特种动物养殖作为劳动密集型产业，41.8% 的养殖户表示"劳动力不足"是制约其养殖规模扩大的重要因素，其中，40.6% 的养殖户有退出养殖的计划，仅 18.8% 的养殖户有雇工行为，42.2% 养殖户虽有通过雇工缓解劳动力不足的意愿，但都因为"难以找到合适的雇工""雇工工资要求太高"等原因而没有实施。据调查，目前普通饲养员的包吃住月工资均在 2000 元以上，部分有经验的饲养员年收入都在 5 万以上；可见，在目前劳动力市场供求失衡的情况下，家庭劳动力是养殖户持续养殖的基本保障。

8.3.2　养殖户风险认知程度对养殖户规模调整行为的影响

养殖户的风险认知程度分为"很小、影响不大、一般、较大、非常大"五类。一般来说，养殖户的风险认知程度与其信息掌握能力密切相关。回归结果显示，技术风险越大，养殖户扩大养殖规模的概率越低，技术风险认知程度每提高一个梯度，其扩大养殖规模的概率降低5.5%。市场风险认知程度对养殖户的规模调整行为影响不显著，但从回归系数来看，市场风险越大，扩大规模的概率越低。养殖风险是影响养殖户经营决策的重要因素（Breustedt & Glauben，2007）。调查发现，分别有46.4%和73.2%的养殖户认为特种动物养殖存在较高的技术风险和市场风险。技术风险可通过养殖户对技术信息的掌握而减弱，因此，高技术风险认知使养殖户更倾向于调整规模而非退出。市场风险是影响养殖户经营决策的重要原因（如表8-6所示），大多数养殖户经过多年的经验积累，已经具备了通过调整销售策略抵御市场风险的能力。调查显示，60.1%的养殖户会在市场低迷的时候存皮，等待市场回暖时出售；30.7%的养殖户会根据市场行情分批出售毛皮。

表8-6　　　　　不同市场风险认知样本的规模调整情况

市场风险认知	样本数	规模扩大（%）	规模不变（%）	规模减小（%）
很小	0	—	—	—
有但影响不大	3	2（66.7）	1（33.3）	0（0.0）
一般	38	28（73.6）	5（13.2）	5（13.2）
较大	86	64（74.4）	12（14.0）	10（11.6）
非常大	26	14（53.8）	2（7.7）	10（38.5）

资料来源：根据笔者调研数据整理。

8.3.3 健全的市场体系和稳定的合作关系对养殖户扩大经营规模的概率有显著正向影响

特种动物养殖包括场棚建设、笼舍编建、饲料贮存、喂养、繁育、防疫、取皮等7个主要生产环节，养殖户可以通过自己或参与市场分工来完成。通过调查，专业化程度较高的养殖户自己完成的生产环节一般包括授精、饲养及防疫等技术密集型环节，而其他劳动密集型环节则通过市场完成。不同分工程度的养殖户规模调整情况如表8-7所示。

表 8-7　　　　　　　　　不同分工程度养殖户的规模调整情况

分工程度	样本数（%）	扩大（%）	不变（%）	缩小（%）
0.3 及以下	79 (51.6)	44 (55.7)	13 (16.5)	22 (27.8)
0.3~0.6	61 (39.9)	52 (85.3)	6 (9.8)	3 (4.9)
0.6~1	12 (7.8)	12 (100)	0 (0.0)	0 (0.0)

资料来源：根据笔者调研数据整理。

养殖户的分工程度是其外包的生产环节投入与所有生产环节投入的比值，从表8-7可以看出，分工程度达到60%以上的样本仅占全部样本的7.8%。可见，目前的特种动物养殖模式仍处于传统的独立养殖阶段，即根据自身条件组织生产，养殖场虽小却"五脏俱全"。这种小而全的生产模式难以实现标准化、现代化、高效化养殖，是制约养殖规模化发展的重要因素。随着分工程度的提高，养殖户扩大规模的概率提高27.9%，这可能由于稳定的合作关系降低了养殖户获取生产要素的难度。顾莉丽（2013）认为，饲料等生产要素易获得会加强养殖户的养殖意愿，根据表6-5，养殖户与饲料供应商和毛皮收购商的关系对养殖户的规模化经营行为具有正向影响。调研中发现，养殖户在饲料供应商维持稳定关系的过程中，可获得"一定的价格优惠""送货服务""缺货时优先供货"等便利；而与毛皮收购商的关系则有利于养殖户套取毛皮市场信息，从而在谈判中提高产品价格，以获取高利润。

8.3.4　防疫技术投资对养殖户的规模化经营有正向影响，而繁育技术投资则降低了养殖户的规模化经营意愿

疫情和疾病风险是农户退出养殖业的主要原因之一（宋连喜，2007）。除去突发性疾病的影响，注射疫苗、进行防疫管理是预防常规疾病的有效措施。调查发现，养殖户的防疫行为存在较大的差异：仅35.9%的养殖户会在幼兽哺乳期过后及时清理哺乳箱，30.1%的养殖户为节约成本未对即将宰杀的幼兽注射疫苗，疫苗种类也从1~4种各不相同。83.7%的养殖户都表示曾经发生过疫情，造成的损失有时是致命的。可见，养殖防疫投入不足是造成疫情高发的重要因素。提高防疫投入，可以在很大程度上降低由于疫情引发的退出概率。

然而，繁育技术的投入却显著增加了养殖户的退出意愿，这是由于单个养殖户进行的繁育技术投资无法实现规模经济，随着市场分工的深化，专业机构替代家庭投资将成为趋势。调查发现，繁育设备与技术投入较多的养殖户大多在水貂养殖之外，还专门为其他养殖户提供技术服务并赚取服务费。因此，由于技术投资的不可分性，进行繁育技术投资的养殖户为避免边际效益的递减，会不断扩大其服务规模，当服务收入超过养殖收入时，便会退出养殖而专门提供技术服务。

8.3.5　价格预期显著影响养殖户的退出意愿

毛皮市场价格波动的事实早已为多数养殖户所接受，因此，价格波动本身对养殖户的退出决策影响有限，而价格预期与成交价格的差异则反映了养殖户对市场的判断。阿赫恩，伊和科布（Ahearn，Yee & Korb，2005）认为，产品相对价格变化，影响养殖户的经营决策。调

查发现，无论市场成交价与预期价格的差异是正向还是负向，存在较大差异的养殖户退出概率都会显著提高。可见，养殖户的投资决策很大程度上取决于其对市场的判断。存在较大负向差异的养殖户可能面临巨大损失：养殖户市场预期过于乐观、当年产品质量明显下滑、抑或产品市场信息缺乏等，这些都可能挫伤养殖户的积极性，从而退出养殖；存在较大正向差异的养殖户也并未违背其"利益最大化"动机，而是他们洞悉了生皮市场的"晴雨表"，预期当年"牛市"过后将跌入市场谷底，因此急流勇退，正是其明智之举，笔者在访谈中也印证了这一点。

8.4　本　章　小　结

本章采用有序 Logit 模型研究了养殖户的要素资源禀赋、技术选择、非农就业、风险认知以及市场体系对养殖户规模调整行为的影响，研究发现。

第一，劳动力禀赋结构影响养殖户的规模调整行为。家庭劳动力充裕与否，成为养殖户持续养殖的重要条件；随着年龄大、低教育程度的养殖户的逐渐退出，整个产业将会呈现年轻化、高素质化的趋势，也是养殖规模化发展的必要条件。

第二，养殖的高风险性得到大多数养殖户的认同，而防范风险的经验积累或可降低风险对投资决策的影响。大多数养殖户认同特种动物养殖的高风险性，无论技术风险还是市场风险都会增大养殖户的退出概率。然而，在"小而全"的家庭养殖模式下，技术风险认知很大程度上取决于养殖户掌握和采用技术的能力，通过市场或合作组织进行技术普及或技术供给，或可以促进特种养殖从"小而全"向"大而专"模式演变。

第三，养殖户的专业分工决策通过提高技术效率而增加养殖户的规模化经营意愿。密切的合作关系或可诱导养殖户通过参与社会分工实现职业转换，养殖专业化的发展能够推动特种养殖的规模化发展；稳定的合作关系有利于养殖户的持续经营，与毛皮收购商的密切关系，有助于养殖户了解毛皮流通信息，促进特种养殖的职业分化。

分工取决于市场规模，而分工深化的程度又限制了市场规模的扩展，经济进步的可能性就存在于上述条件中（"斯密—杨格"定理）。然而，无论分工深化还是市场规模的演进都是一个长期的、动态演化的过程，二者既相互促进、又相互制约。选择机制和创新学习机制使经济演化过程中的经济个体出现趋同性和多样性特征，在养殖场规模化的动态演进中，不同养殖户呈现出不同的演进路径：在面临土地要素约束时，有的放弃了原有的小规模养殖场，重新建设适于规模化设备引入的现代化养殖场；有的则依然保持原有的养殖模式，仅仅通过原有养殖场的简单叠加缓解土地约束；也有的不惜放弃规模化经营带来的利益而放弃规模化扩张的机会，最终只能渐渐退出养殖。在本章及前述两章的定量分析中，养殖户的专业分工决策显著影响其经营效率和规模化经营意愿。可见，养殖户的专业分工对其规模化演进过程必然具有重要的影响，但静态的分析结果显然无法为动态演进中出现的规模差异性提供充分的解释，下一章将通过案例研究的方法动态分析专业分工决策对养殖场规模化演进的影响。

▶ 第 9 章 ◀

分工深化背景下的规模农户生成机制

9.1 理论分析与研究假设

9.1.1 专业分工与规模演进的经济学分析

经典的经济学理论认为，农户的均衡产出取决于其投资的边际收益对边际成本的弥补程度，当边际成本超过边际收益时，继续增加产出便会产生亏损。如图 9 - 1 所示，特种毛皮动物养殖的主要产品——生皮的市场价格，受国内外服装市场、国家政策、国际养殖市场等多方面的影响。单个养殖户的产量对生皮价格几乎没有影响，可以将生皮市场看作完全竞争市场，养殖户是市场价格的接受者。为简化分析，假设生皮市场价格 P 在短期内不发生变化（事实上，生皮市场价格的波动非常激烈，做此假设只是为了简化分析过程，后文的分析中会考虑生皮市场价格的波动）。

养殖户在初始状态的养殖场规模为 size0，边际成本曲线和平均可变成本曲线分别为 MC_0 和 AVC_0，根据 $MC = MR$ 的经济学原理，养殖户的均衡产出位于边际收益和边际成本的交点 A，均衡产出为 Q_0，此时，边际收益等于边际成本，如果继续扩大养殖规模，必然因成本上升而导致亏损，size0 是当前状态下的最优土地规模。理论上，随着不可分生产要素的投入或生产技术的改变，农户的最优土地经营规模会随之发生改变（王培先，2003）。

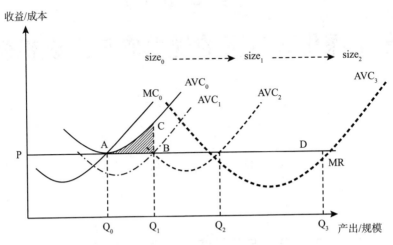

图9-1 分工与规模演进的理论模型

随着市场分工的不断深化，市场上出现了专门完成部分生产环节的专业机构，这些专业机构通过专业化和规模效应降低生产环节的成本。此时，达到均衡状态的养殖户可以通过参与市场分工，将部分生产环节交给市场专业机构完成，享受分工溢价。相应地，养殖户的分工参与行为降低了其生产的平均成本，如图9-1中平均可变成本曲线由 AVC_0 下移至 AVC_1，原来处于均衡状态的养殖户在成本降低后又出现了经济盈余，继续扩大规模变得有利可图；当规模扩大到平均可变成本与边际收益的交点 B 时，再继续扩大规模的收益便不足以弥补其支出，出现亏损。因此，B 点为农户参与分工后的新均衡点，相应的均衡产量为 Q_1。图示 ABC 所示的阴影部分面积即为农户参与分工所享受的分工溢价。

若外界环境不发生变化，如生皮的市场价格一直维持在 P 的水平，或养殖过程中没有大规模疫情的暴发，处于均衡状态 B 的养殖户便可以维持此状态。事实上，如前所述，生皮的市场价格波动非常激烈，养殖过程中经常会有疫情等意外事件的发生，外界环境一旦发生变化，养殖户原来的均衡状态就可能被打破，陷入亏损状态，以致不得不退出养殖。养殖户若想持续经营，只能继续扩大养殖场规模，增加潜在的产出能力。在访谈中发现，目前平均 2 亩左右的养殖场并没有达到最大的劳动强度，若按传统的养殖模式，需要平均 4.8 亩的养殖场面积；若在此基础上再扩大养殖场，必须引进机械设备或雇工，以提高劳动生产率。而根据访谈，机械化设备的引进，养殖场面积至少需要达到 10 亩以上，这不仅意味着更大的投资，而且意味着一种全新养殖模式对传统养殖模式的替代。因此，养殖户在现有养殖场基础上扩大规模面临两种选择：一是继续延续原有的养殖模式，渐进式地扩大养殖场面积；二是直接实现由传统养殖模式向现代化养殖模式的转变，这要求新建养殖场面积在 10 亩以上。

如图 9-1 所示，当养殖户享受分工溢价将均衡产出由 Q_0 扩大到 Q_1 时，可以选择将养殖场扩大至 size1，在传统养殖模式下，平均成本曲线由 AVC_1 向右平移至 AVC_2，最终的均衡产出达到 Q_2；或者将养殖场扩大至 size2，并引入规模机械设备，此时平均成本曲线下降为 AVC_3。只有当养殖户的养殖规模达到 Q_2 时，其边际收益才能弥补平均可变成本而不致亏损，此时，养殖户继续扩大规模，平均成本下降，最终的均衡产量将达到 Q_3。需要说明的是，size1 最大的均衡产出与 size2 所需的最小均衡产出可能并不重合，即养殖户可能需要经过几轮养殖场扩建，才能达到 size2 所需的最小均衡产出 Q_2。

从以上分析可以看出，养殖户能否实现从 size0 向 size1 进而向 size2 的过渡，关键在于养殖户所享受到的分工溢价的大小。养殖户通过参与社会分工享受到的分工溢价越大，平均成本曲线 AVC_1 下降的幅度越大，平均成本曲线下降后的均衡产量 Q_1 就越有可能达到规模化养殖场建设所需的最低产量 Q_2，养殖户也会越早实现规模化养殖。鉴于此，本研究进行如下假定：

假设一：养殖户通过参与市场分工获得的专业化溢价越大，养殖场规模化进程越快。

9.1.2 市场发展与养殖规模演进

专业市场的发展程度直接影响养殖户的分工决策。从山东省潍坊市特养专业市场的发展过程来看，2002 年和 2007 年是专业市场发展的两个转折点，2002 年以前，几乎没有专门针对狐狸、水貂养殖的专业市场；从 2007 年开始，各专业市场开始整合、集中。为进一步印证专业分工与规模演化之间的动态关系，笔者根据 153 个养殖户 2002～2013 年规模演化数据，将其分为 2002～2007 年和 2007～2013 年两个阶段，采用相对分布法（Relative Distribution Method）分析两个阶段的规模演化过程[①]。

相对分布法是一种非参数统计方法，具有强尺度无关、强稳健性等优点（Handcock，1998；黄斌，2013）。根据相对分布法的基本原理，并结合养殖户规模演化特点，本文将养殖户的规模演化分为 2002～2007 年和 2007～2013 年两个阶段。其中，将每个阶段前一期的规模分布作为参照分布 Y_0，其概率密度函数和累积分布函数为 $f_0(y)$ 和 $F_0(y)$。后一期的规模分布为对比分布 Y，其概率密度函数和累积分布函数为 $f(y)$ 和 $F(y)$。利用等级转换（Grade Transformation）原理，对比分布中养殖户的规模可以通过参照分布的累积分布函数转换成它在参照分布中的一种相对排名［即有 $R = F_0(y)$］，并形成一个对比分布。对比分布的概率密度等于参照和对比分布概率密度函数之比，即：$g(r) = \dfrac{f(y_r)}{f_0(y_r)}$。相对分布概率密度表示对于一个特定的规模，其在对比分布中的发生概率是在参照分布中发生概率的

---

① 在此感谢南京财经大学黄斌教授提供的帮助以及伯尔尼大学 Ben Jann 教授提供的 stata-reldist 命令安装包。

几倍。当分布未发生变动时，相对分布是［0，1］上的均匀分布，概率密度恒等于1；若分布发生变化，当0≤g(r)<1时，表示与参照分布相比，某一特定的规模水平在对比分布中发生的概率在下降；当g(r)>1时，表示与参照分布相比，某一特定的规模水平在对比分布中发生的概率在上升（Jann，2008）。

借助Stata16软件，可以绘制相对分布概率曲线（RD曲线），并根据凸性判定分布变化特征。当RD曲线呈单调上升或下降状态时，表明分布发生位置右移或左移；当RD曲线呈倒"U"形时，表明分布两端极化减轻，差异得到改善；当RD曲线呈正"U"形时，则表明分布两端极化加重，差异趋于恶化。利用相对分布法，还可以将相对变化图解为位置效应（Location Effect）和形状效应（Shape Effect）。

本文分别将2002年和2007年的分布作为参照，与2007年和2013年分布相对比，分别构造2002~2007年和2007~2013年两个时间段的相对概率密度函数。图9-2和图9-3是用Stata16绘制的两个阶段的相对概率分布变化图。

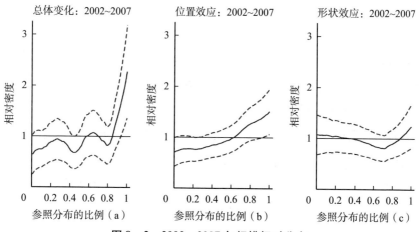

图9-2　2002~2007年规模相对分布

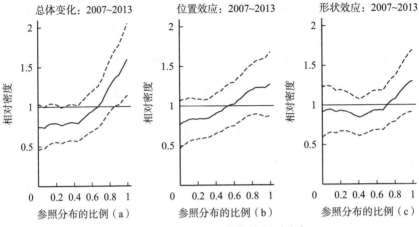

图 9 - 3 2007 ~ 2013 年规模相对分布

从图 9 - 2 和图 9 - 3 的总体变化状况可以看出，两个阶段的规模分布变化呈现出不同的变化趋势：2002 ~ 2007 年的 RD 曲线总体呈正 "U" 形变化趋势，说明位于这个阶段的规模分布差异趋于增大。从分解效应来看，2002 ~ 2007 年的规模分布总体变化由位置效应 [图 9 - 2（b）] 和形状效应 [图 9 - 2（c）] 共同影响；从位置效应来看，总体规模呈现增大趋势；从形状效应来看，双尾部上升的形状变动说明这个阶段养殖户的养殖规模分布呈现分化趋势，总体 RD 曲线变动主要受形状效应影响。2007 ~ 2013 年的 RD 曲线总体呈单调递增趋势 [图 9 - 3（a）]，说明这个阶段的规模总体上呈现出增大的趋势。从分解效应来看，单调递增的位置效应 RD 曲线 [图 9 - 3（b）] 说明这个阶段的规模依然呈现递增趋势；双尾部上升的形状RD 曲线 [图 9 - 3（c）] 则说明此阶段的规模分布呈现两端分化，总体 RD 曲线主要受位置效应的影响。

辛奇和楚尔（Kimhi & Tzur，2011）对以色列农场规模分布的研究发现，经济萧条时期，农场的专业化决策导致规模差异增大，而经济繁荣时期，不同专业化程度的农场规模分布变化相似。辛奇和楚尔（Kimhi & Tzur，2011）将规模分布变化的原因笼统地归结为专业化与否的二分决策，而未分析影响其规模变化差异的深层次原因。在本研究划分的两个阶段，2002～2007 年期间，生皮市场价格普遍低于其他年份，2007 年以后，市场价格逐渐回升，其规模分布的变化与辛奇和楚尔（Kimhi & Tzur，2011）的研究结果类似。在进一步调研中发现，2002～2007 年期间，各类专业市场相继出现，其中发展最快的是技术服务市场（表 5－4），由 1 家发展为 20 家，养殖户普遍开始将繁殖技术外包，但由于市场提供的技术服务尚不完善，养殖户不得不面对高昂的服务费用和较低的市场保障，这促使部分养殖户自己学习繁殖技术，养殖户的技术外包行为出现了分化：一些规模较大的养殖户逐渐掌握了繁殖技术而不再外包，大部分养殖户则依然依赖于尚不完善的市场服务，为了避免市场不确定性导致的繁殖率降低，甚至有的养殖户开始重新回归自然繁殖的方式。2007 年以后，越来越多的养殖户内化技术服务，专业的技术服务机构开始减少，而出现了许多兼业提供技术服务的养殖户。依赖邻里互信的技术服务显然意味着更高的服务质量和更可信的保障，新繁殖技术得到普遍应用。2007 年以后，养殖器械等劳动密集型市场发展迅速，养殖户劳动密集型环节的外包决策出现分化，一些规模较大的养殖户主要外包劳动密集型生产环节，而没有掌握繁殖技术的养殖户则往往自己完成劳动密集型生产环节以节约资本。

可见，两个阶段规模化分布变化出现差异的原因可能主要在于不同阶段养殖户所采取的分工策略不同：当技术服务市场不发达时，内化技术供给更可能显著增加其规模化进程；而技术服务市场发展相对成熟的劳动密集型环节，外包有利于普遍的规模扩大，却有限地作用于规模分化。由此，我们提出以下研究假设：

假设二：养殖户通过生产外包获得的分工溢价与市场发展程度成正比；当外部专业市场发展不成熟时，内化相应生产环节更有利于其规模化进程。

9.2 案例选择与分析

9.2.1 案例选择

对"分析单位"的界定是案例研究设计的五个要素之一（Yin, 2010）。通过静态的定量分析可知，养殖户的专业化决策显著影响其规模化经营意愿，案例研究的目的在于验证养殖户的专业分工决策对其规模化动态演进的推动作用。因此，本研究的研究对象在于个体实现规模化养殖的决策过程。养殖大户和龙头企业是规模化经营的主要经营主体。为增强案例研究的代表性，笔者选取了2个已经实现规模化养殖的养殖户的决策过程，即已经成长为综合型养殖企业的潍坊DZ实业有限公司和一个拥有20亩现代化养殖场的养殖大户；为保证分析的客观性和可靠性，笔者还选取尚未实现规模化的养殖户作为嵌入性案例进行相互补充印证。本部分所使用的资料来源于社区的档案史料、养殖户的记账本、笔者2013年9月至12月期间的访谈记录，以及此后通过电话、邮件方式进行的多次补充访谈。

案例一：潍坊 DZ 实业有限公司

潍坊 DZ 实业有限公司（以下简称 DZ）是一家以狐狸、水貂养殖为主，集肉鸡养殖、冷藏贮存、养殖器械加工为一体的综合型特养企业，占地800亩，下设狐狸水貂养殖场4个，1个养鸡场，2个冷藏场，1个饲料加工厂。企业成立于1999年，其前身便是一家普通的养殖场，企业负责人谭某原为大虞村村支部书记，大虞貂场建设发起人之一。1978年起，谭某与许多大虞村村民一起开始水貂养殖，时隔30多年，有的依然驻守在2亩左右的养殖场上维持传统的养殖模式，而谭某的养殖场已经蜕变为山东省最大的现代化、综合化养殖场，追寻 DZ 成长之路，已成为大多数养殖户可望而不可即的目标，但通过案例的方式重现期规模化历程却可能发现影响规模化演进的关键因素。2013 年 11 月至 12 月，笔者对 DZ 相关负责人进行了 10 余次深入访谈，试图梳理企业规模化成长过程中的关键节点，并对当时的经济环境进行还原。经过梳理，DZ 的成长轨迹大致经历了以下 4 个阶段。

（1）集体管理模式下走出的小规模养殖场。1978 年，谭某承包家庭养殖场，占地 1.2 亩，种畜 20 只，饲养全过程都要受貂场监督；1984 年，大虞貂场下放部分管理权，由养殖户自主采购、加工和贮存饲料；1989 年，开始自主经营、自负盈亏。在这个阶段，谭某的养殖场与其他养殖场一样，经历了从集体管理到自主经营的转变，到 1989 年，种畜规模 50 只，与当时的规模平均值相当。

（2）与众不同的规模化抉择。到 1992 年，种畜规模达到 100 多只，与大多数养殖户一样，谭某第一次面临土地要素的约束：畜群规模达到了最大密度。两种选择可以缓解土地约束，其一，维持种畜规模不变，增加出皮或调种数量；其二，新建养殖场。为方便管理，大虞貂场内的养殖场规划非常紧凑，在此基础上进行养殖场扩建几乎不可能，因此，选择新建养殖场便意味着要脱离大虞貂场的"庇护"①，自己寻找场地。大多数养殖户选择了前者，并成功推动了水貂养殖的区域扩散；而谭某在潍城区投资 10 万余元新建养殖场，占地 10 亩。养殖场扩建后，谭某主要从 3 个方面改变了以往的经营模式：第一，扩种，在其他养殖户纷纷寻找种畜销路时，谭某却继续扩大种畜规模；第二，雇工，场棚搭建、笼舍编制、日常喂养、场区消毒等生产环节均由雇工完成，谭某及其家人则负责配料、防疫、繁殖等生产环节；第三，改进饲养设备和工具，将饲料加工设备由手动改为电动，引进投食车及毛皮初加工工具。到 1998 年，种畜规模已经达到 400

---

① 虽然当时养殖户已经实现自主经营，但大虞貂场作为一个集体组织在疫苗订购、生皮销售等方面依然具有不可替代的作用。

余只，成为附近最大的养殖场和种畜提供场；1999 年，注册成立东方水貂良种有限公司，以种畜销售为主要业务。

（3）企业化管理，多元化经营①。2002 年，种畜规模达 600 只，再次面临土地要素约束，谭某投资近 600 万元扩大养殖场面积至 200 亩，更名为 DZ 实业有限公司；扩建后养殖场投资建设了容量 1000 吨的冷库，同时为其他养殖户提供饲料贮存服务；2007 年，以入股方式投资养鸡场；2012 年开始养殖设备研发和销售。

案例二：养殖大户的规模演进历程

对于特种养殖大户的界定，目前并没有统一的标准，但与普通养殖户相比，养殖大户不仅表现为畜群规模明显较大，而且在养殖模式上也更加集约化、现代化、专业化。鉴于养殖场面积至少达到 10 亩才能引进现代化设备，本研究将养殖场规模 10 亩以上的养殖户称为养殖大户。

高某，1997 年开始狐狸养殖，此前以务农和运输为主要收入来源；当年引进种畜 10 只，养殖场占地 2 亩。在随后的几年内，高某平均每年扩大种畜规模 5～10 只，到 2010 年种畜规模已经达到 120 只，急需要通过养殖场扩建缓解土地约束；2013 年，高某建成占地 20 余亩，种畜规模 400 余只，包括各种现代化喂养设备的现代化养殖场。对于其规模化演进过程，笔者对其进行了为期 2 年的跟踪和多达 10 余次的访谈，可以将其规模化过程分为两个阶段：

第一阶段（1997～2010 年），与大多数养殖户类似：规模不大的养殖场（2 亩），逐年递增的种畜规模。不同的是，自 2002 年以来，高某种畜增加的速度明显快于其他养殖户。笔者对另一养殖户褚某的访谈发现，褚某于 1993 年开始狐狸养殖，虽然种畜规模也逐年递增，但对于留种数量却取决于当年及上一年度的生皮价格，当年价格较高时，往往会减少留种而增加出皮量，而当上一年度的生皮价格较低

---

① 2002 年以后的企业化经营阶段已经超出了本文的研究范围，在此不做深入分析。

时，则会在下一年度增加出皮量以获得更多的收入①。表9－1为高某与褚某种畜规模变化的对比情况，可以发现，自2002年以来，高某的种畜规模一直维持相对快速的递增状态，在市场比较低迷的2002～2007年期间，褚某种畜增加仅15只，而高某的种畜规模翻了一番。

表9－1　　　　　　　高某与褚某种畜规模递增情况对比

种畜规模	2002	2007	2008	2009	2010	2011	2012	2013
高某	43	80	95	110	120	160	300	400
褚某	50	65	65	70	80	80	82	80

资料来源：笔者访谈资料整理。

第二阶段是2010年以后的规模扩张阶段，实际上，从2010年起，大多数养殖户都已达到最大养殖密度，是否扩大养殖场规模成为迫切需要解决的问题。从表9－1可以看出，在面临土地约束时，高某依然快速扩张规模，到2010年，种畜规模达到120只，繁殖季节800余只的畜群规模已经达到最大密度；2011年，高某开始寻找新的养殖场地；2012年，高某承包土地20亩并开始投资建设新养殖场。到2012年底，新养殖场建成，合计投资120万，包括场地建设、冷库及各类设备投入，种畜规模400余只，繁殖季节畜群规模可达2000只左右，是当地为数不多的实现规模化、现代化养殖的大户之一。

9.2.2　案例分析

从两个案例的规模化演变过程来看，二者都选择了激进式的规模演变方式，即养殖场规模直接由size0扩大到size2，实现现代养殖模

① 笔者对许多尚未实现规模化养殖的养殖户访谈发现，种畜规模的扩张速度基本都不稳定，而生皮价格是影响留种量的重要因素，褚某的做法具有一定的代表性。

式对传统养殖模式的替代①。图9-4描述了DZ实业、养殖大户和普通养殖户的规模化过程以及在规模演进过程中的专业分工决策。

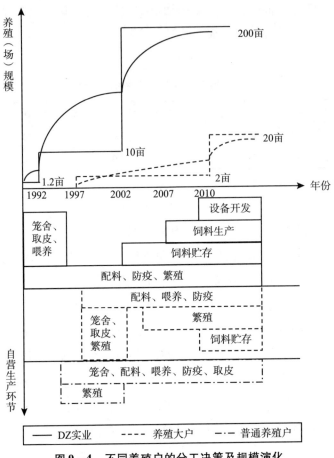

图9-4　不同养殖户的分工决策及规模演化

从演进轨迹来看，养殖大户与DZ实业规模化前期的轨迹相似，都由小规模的小区养殖直接跳跃为养殖大户，并实现养殖模式的转变；从专业分工决策来看，二者也具有一定的相似性，即在规模化演

---

① 1992年，谭某的养殖场扩建虽未实现完全的养殖模式现代化转变，但已显著区别于以往的养殖模式。

进过程中逐渐外化劳动密集型环节而内化技术密集型环节；静态的定量分析表明专业化决策正向影响其经营效率和规模化意愿，那么在变化的市场环境中，这种正向影响如何推动其规模化进程？为验证图 9-1 与图 9-2 中提出的两个假设，案例分析主要从两个层面展开：其一，在专业化市场发展的不同阶段，养殖户的分工决策如何动态演进；其二，不同的分工决策如何影响其规模化进程。

9.2.2.1　市场规模与分工决策

养殖户的分工决策取决于自身的资源禀赋和要素获得的交易成本，而外部专业市场的发展程度直接影响其交易成本。在集体管理阶段，养殖户只需投入劳动力，由饲料配比到取皮销售的过程都由貂场统一管理。1989 年，养殖户开始自主管理，但饲料供应、生皮销售等服务依然由貂场提供，这是专业市场发展的雏形：养殖户选择且只能选择貂场提供的专业化服务，而貂场则通过规模化服务获得收益。事实上，在经历了集体管理模式的"低效率"后，大多数养殖户纷纷"打包"整个生产流程，以减少"生产外部化"带来的种种"弊端"，以致 1992 年，大虞貂场提供的生皮销售平台无人问津。在这种"自给自足"的生产模式下，通过生产外包获得专业化溢价的规模化效应不复存在，那么谭某的养殖场如何实现规模化演进？

对于 1992 年的养殖场扩建，谭某的妻子将其表述为"（畜群）规模太小，耽误劳力"。访谈发现，1992 年前后，大虞养殖户的平均种畜规模在 50 只左右，而谭某则达到 100 多只，远远超过了其他养殖户的养殖规模。在此前的研究中，主要关注市场分工对规模化决策的影响，却忽视了家庭成员之间的内部分工对生产决策的影响，事实上，由于家庭成员之间劳动能力的差异，通过内部分工可以更好地实现收益最大化（Frank・Alice，2006）。当其他养殖户忙于将生产"打包"时，谭某在大虞貂场多年的管理经验使其充分意识到各个生产环节的价值，并且一直致力于精进养殖技术，其妻子则主要负责喂养、取皮等劳动密集型环节，正是这种家庭内部的明确分工使谭某迅速地扩大养殖规模。事实上，笔者通过对高某及其他养殖大户的访谈发现，家庭成员之间明确分工、各司其职是他们的共同特征，相对于普通养殖户，他们拥有更大的畜群规模和更加井井有条的生活。

到 2002 年，谭某的养殖场再次面临土地要素约束，而在 1992 ~ 2002 年期间，外部市场依然不发达，除饲料交易、饲料贮存和兽药市场外，几乎没有专门针对特种动物养殖的生产性服务，但谭某的种畜规模却迅速从 100 只激增到 600 只，远远快于其他养殖户的规模扩展速度。访谈得知，谭某在 1992 年扩建养殖场后便开始雇工养殖，并将一些技术含量不高的生产环节交给雇工完成，自己及家人便开始从事技术性较强的生产环节，这种依靠劳动力市场的分工模式再次成为其获得专业化溢价的渠道成功实现畜群规模的快速扩张。

亚当·斯密（1776）认为，分工的目的在于通过专业化提高劳动生产率，无论是家庭内部分工还是市场分工都可以获得专业化溢价，当外部市场不发达时，家庭内部分工可以替代市场分工提高劳动生产率。与 DZ 实业所处的市场环境不同，高某的养殖场与外部专业市场的发展是同步的，因此，更容易通过生产外包从外部市场获得专业化溢价。从 2002 年起，各类专业市场出现并开始快速发展，高某将笼舍、取皮等劳动密集型生产环节外包，而配料、防疫、繁殖①等技术密集型生产环节则自己完成，这与谭某在 2002 年前的专业化策略相同，即内化技术密集型环节，而外包劳动密集型环节。

从图 9 - 4 中可以发现，谭某 2002 年与高某 2010 年扩建养殖场后都将饲料贮存环节由外包转为自营。对此，笔者对该环节不同分工模式的成本进行了估算②：建设一个小型冷库 [长 × 宽 × 高：4 × 7 × 3.3（立方米），容量约 28 吨] 的成本约为 3.5 万元，消耗电费 8 元

---

① 高某于 2003 年开始学习人工繁殖技术。
② 以下数据由访谈资料整理而得。

/天（每年按 360 天计算），每年维护成本 800 元，冷库使用寿命 30 年，若按平均年限法计提折旧，则每年折旧成本 1167 元（35000 元/30 年）。每吨饲料的贮存费用约为 173 元/年〔（1167 + 8 × 360 + 800）/28〕。租用冷库贮存饲料的成本约为 0.2 ～ 0.3 元/千克，每吨饲料的贮存费用为 200 ～ 300 元/年，冷库容量越大，均摊成本越低。当养殖规模足够大，存料数量达到冷库容量时，显然自营较外包更有利。

发达国家的经验表明，饲料配比、人工繁殖等技术密集型生产环节可能会随着市场的发展由自营转向市场化，但需具备两个条件：其一，技术发展非常成熟，如芬兰有专业的水貂饲料加工企业，为辖区内养殖户每天配送新鲜饲料，饲料由专业人员根据不同的饲养阶段进行营养配比，此外，专业人员还会定期上门观察各养殖户的养殖情况；其二，市场规模足够大，芬兰、美国等养殖大国人均饲养量高达 1000 ～ 2000 只，仅几家养殖场的饲料需求便足以支撑一个企业。事实上，目前养殖大户的规模已经与发达国家的养殖规模相当，但数量之小，分布之松散却远远无法达到专业化供给所需的市场规模。

从以上分析中可看出，养殖大户与普通养殖户在不同的市场发展阶段表现出的专业分工决策存在显著的差异：养殖大户倾向于通过家庭内部分工或参与市场分工获得专业化溢价；相对于普通养殖户的技术外包，养殖大户更倾向于自营技术密集型生产环节，而劳动密集型生产环节倾向于外包；由于规模经济的存在，养殖户的分工决策会随着养殖规模的变化而变化。

9.2.2.2 专业分工与规模演进

在目前养殖户普遍面临土地约束的情况下，养殖场的规模化建设是实现规模经济的前提，养殖场扩建，一方面需要畜群规模在短时间内达到 Q_2，以降低平均成本；另一方面，养殖场建设需要投入大量的资金。如表 9 - 2 所示，两个案例中养殖场扩建所需的资金投入都远远高于当年的户均收入水平；正因为此，直接实现从 size0 到 size2

的过渡成为大多数养殖户可望不可即的目标。

表 9 – 2 养殖场扩建资金需求情况

	户均收入（万元）	投资额（万元）	自有资金比例
谭某（1992 年）	3	10	80%
谭某（2002 年）	8	600	50%
高某（2011 年）	15	100	60%

资料来源：根据笔者的访谈资料整理，其中户均收入为笔者根据访谈资料估算而得。

上一节的分析表明，无论是家庭内部分工还是市场分工，都有利于劳动力生产率的提高并提高均衡产出，快速增大畜群规模；从两个案例养殖场扩建的投资资金看，谭某及高某自有资金的比例远远超过当年的平均收入。访谈得知，谭某与高某完成资金积累的过程极其相似：一是有持续增加的畜群规模，二是较高的生皮市场价格。1992年和2011年，生皮市场价格显著高于以往年份，而两个养殖户持续的规模扩张使其当年的出皮（调种）量也显著高于普通养殖户（如表 9 – 3 所示），二者在当年的收入水平显著高于平均水平。可见，两个案例的资金积累过程说明，当产品市场价格高涨时，养殖户的专业化决策更可能使其与其他养殖户出现规模分化，这在一定程度上区别于辛奇和楚尔（Kimhi & Tzur，2011）的研究结论，进一步说明影响其规模分化差异性的原因不能笼统地归为专业化程度。

表 9 – 3 养殖户资金积累情况

	出皮/调种	成交均价（元）	当年收入（万元）
谭某（1992 年）	300	500 *	15
谭某（2002 年）	1800	400 *	720
高某（2011 年）	740	835	62

资料来源：根据笔者访谈资料整理，其中 * 数据根据当年生皮市场均价估算。

　　从高某与 DZ 实业的分工决策来看，两者与普通养殖户分工决策最显著的区别在于他们更倾向于自己完成技术密集型生产环节，而将劳动密集型生产环节外包或交给雇工完成。从图 9-4 中可以看出，无论是谭某 2002 年还是高某 2010 年进行养殖场扩建前，都有一段时期专业化经营配料、防疫、繁殖等密集型技术环节。相对于技术服务市场，场棚、器械加工及取皮等劳动密集型环节的专业服务市场起步较晚，但发展则极为迅速，如笼舍及器械加工市场起步于 2007 年，而在短短 1 年内就形成了标准化的操作流程和基本透明的市场价格，原因是这些环节易于监管，交易成本低。而饲料配比与繁殖技术市场发展则非常缓慢。在 2003 年前后，市场上出现了一种固体饲料，由农科院根据动物成长阶段配比营养成分，养殖户只需将其浸泡即可投食，省时省力，从而吸引了许多养殖户；对此，高某回忆：始终未采用这种固体饲料有两个原因，一是成本高，二是其营养搭配并不适用于所有的动物。使用过该产品的养殖户也认为，当时太相信其宣传，以至当年的养殖状况并不乐观。可见，饲料配比已经成为狐狸养殖过程中的关键环节。繁殖技术市场起步于 2000 年左右，当时引进的人工授精技术是对自然授精的替代，新技术采用有利于基因改良，并提高产仔率。新技术一经推广，包括高某在内的大多数养殖户蜂拥而至，技术服务站为获得高额利润，不得不过量采精应对大量的市场需求，这使得当年许多养殖户面临空怀、低产等危机，但市场的不完善却使其无法索赔。鉴于此，大部分养殖户对新技术的信心一度下降，授精技术服务价格一路狂降，由原来的 45 元/次降至 10 元/只（一般一只种畜需要 3 次授精过程），即便如此，养殖户依然选择在人工授精前后进行自然授精，以降低空怀风险。与大多数养殖户的消极应对不同，高某等养殖大户于 2003 年就开始学习授精技术，逐渐内化繁殖技术是其区别于普通养殖户的重要特征。对普通养殖户和一些已经退出的养殖户进行访谈时发现，未掌握繁殖技术是其规模扩张缓慢的重要原因。

上述分析表明，当外部市场缺乏时，家庭内部分工将成为促进养殖户规模化进程的驱动力量；养殖户获得的专业化溢价与市场发展程度成正比，当市场发展不成熟时，内化关键生产环节更有利于其规模化进程；相对于劳动密集型生产环节，技术密集型生产环节的分工决策对养殖户的规模化演进影响更大。

9.2.3 进一步地讨论

与统计分析和计量分析不同，案例研究无法通过"显著性水平"等指标来检验研究结论的可靠性，尹（Yin，2010）提供了一种通过对竞争性假设的解释来判断案例研究结论可靠性的标准。对于养殖户的规模化演进，研究假设试图从市场发展、专业化决策两个方面进行解释，提出研究假设的目的是缩小研究范围，使研究更具可行性，通过对竞争性解释的检验可以防止由于研究假设对自变量的限定而对事件本质的忽略。

已有的文献从经济发展水平、非农就业、技术进步及农场收入水平等方面解释农场规模的变化（Atwood et al.，2002；Dolev & Kimhi，2008；Snider & Langemeier，2009）。研究认为，经济发展程度是农场规模扩大的基础，非农就业机会增加引致的农业劳动力转移是农场规模扩大的前提，技术进步通过机械对劳动力的有效替代成为农场规模扩大的有效手段（郭熙保、冯玲玲，2015）；农业收入正向影响农场规模（Snider & Langemeier，2009）。但遗憾的是，已有文献极少从分工视角重新审视各个要素对农场规模变化的影响。

从 DZ 实业和养殖大户的规模化过程来看，二者分别处在不同的经济、技术发展阶段，却表现出了类似的规模化轨迹，其中必然有共同的要素促进其规模化进程。通过本章第 2 节对案例的分析发现，二者在不同的市场阶段，类似的专业分工策略是规模化路径趋同的重要因素；而就农场收入的影响来看，二者在养殖场扩建过程中投入的资金水平都远远高于当时养殖户的平均收入，但从自有资金所占比例来看，二者自有资金都不超过50%（如表9-2所示）。可见，高收入是二者完成养殖场扩建的重要保证，而通过专业分工实现的规模积累是实现资金累积的前提。

表9-4　　　　　　养殖大户的家庭劳动力分配变动趋势

	1992	2002	2010
谭某	谭某辞去大虞村支部书记之职，开始全职从事特养，此前主要由其妻子负责养殖，谭某则负责配料、繁殖等主要环节	谭某负责配料、繁殖等生产环节，并协调饲料供应商、毛皮收购商；其妻子主要监督雇工并为其发放工资	谭某儿子2005年大学毕业与谭某共同管理企业，谭某妻子则主要负责企业雇工的工资管理
高某	—	配料、繁殖等环节主要由高某完成，喂养、防疫等环节由高某及妻子共同完成	高某及妻子依然从事特养；大女儿2006年大学毕业并成家，女儿、女婿及高某夫妻一同养殖

资料来源：笔者访谈资料整理。

与以往研究成果不同的是，二者的规模化过程都没有伴随出现家庭劳动力的兼业化倾向，相反，从两个养殖户的家庭劳动力分配来看（如表9-4所示），家庭劳动力就业都出现了由外向内的变化；实证分析的结果也表明，家庭劳动力的非农就业对养殖户的规模化意愿具有负向影响（如第8章表8-3有序Logit模型估计结果所示），这主要是特种养殖业的生产特性与种植业的区别所致：特种动物养殖业机械对劳动力的替代主要体现在喂养过程中，而繁殖、防疫等关键环节仍然只能依靠养殖户的技术积累，规模化过程中的分工决策决定了其技术积累程度。

9.3 本 章 小 结

本章通过一个综合型养殖企业和养殖大户的规模化成长历程，分析了在市场发展的不同阶段，养殖户的专业分工决策及其对规模化演进的影响。研究发现，在市场发展的不同阶段，养殖户通过不同的分工模式实现分工溢价，当外部市场不发达时，家庭内部分工可以通过家庭劳动力的专业化效应提高劳动生产率，由于规模效应的存在，养殖户的分工决策将随着养殖规模的增大而发生改变；专业化服务市场的发展程度影响养殖户通过生产外包获得的分工溢价，市场发展越成熟，养殖户通过生产外包获得的分工溢价越大，相反，自营相应生产环节对养殖场的规模化进程更有利；相对于劳动密集型生产环节，技术密集型生产环节的分工决策对规模化进程的影响更大。

第 4 篇　结论与启示

▶ 第 10 章 ◀

研究结论与政策启示

10.1 研 究 结 论

本研究以分工理论和规模经济理论为基础，从宏观和微观两个层面研究了农业分工深化背景下农户规模的演进历程；从宏观层面来看，农户可以通过参与社会分工改善农业经营效率，促进农户规模化演进；从不同区域来看，农户参与社会分工改善经营效率的方式会存在差异：东部和西部地区主要通过社会化服务水平的提升改善经营效率；中部地区主要通过迂回生产程度的提高改善经营效率。从微观层面来看，研究以特种动物养殖产业的发展为背景，基于微观调研数据和农户访谈资料，并采用二项 Logit 模型、DEA – Tobit 两阶段模型、有序 Logit 模型以及案例分析的研究方法，从微观农户的视角，分别从静态视角和动态视角验证了农户的专业分工决策与农户经营规模演进的互动机制。通过研究，得出如下主要结论。

第一，不同类型生产环节的专业分工决策存在差异，养殖户自身的要素禀赋条件和要素交易特征共同影响其专业分工决策。调查显示，劳动密集型生产环节的外包比例（62%）高于技术密集型生产环节（50%）和资本密集型生产环节（59%）的外包比例。就不同生产环节分工参与决策的影响因素来看，随着年龄较大、经营效率较低的养殖户退出养殖，特种动物养殖将向规模化、专业化模式转变，养殖户将劳动密集型生产环节外包以取得外包溢价的概率将逐渐增大，而在繁育技术服务市场得到规模化、规范化发展以前，养殖户将逐渐内化技术提供以减少技术外包产生的不确定性；对于资本密集型生产环节的外包决策，则取决于养殖户规模化经营的能力和速度，若无法短期内达到一定的规模，通过外包资本密集型生产环节节约资本、获得分工溢价将是养殖户的理性选择。

第二，养殖户经营的技术效率普遍偏低，通过专业分工可以提高养殖户的技术效率；就分工对技术效率的影响机制来看，主要通过规模扩大提高生产要素配置效率，而分工产生的技术溢价效应不明显。研究显示，养殖户的平均技术效率为 0.729，达到最佳技术效率的决策单元仅占全部样本的 5.88%；平均规模效率为 0.858，达到最佳规模效率的决策单元占全部样本的 7.19%，但土地要素的松弛变量仅为 0.076 亩，即大多数养殖户（80.4%）无法通过减少土地规模提高要素配置效率。进一步研究发现，养殖户通过参与社会分工可以显著提高经营的技术效率和规模效率，而对纯技术效率的改进作用不显著，进一步证明分工对养殖户技术效率的改进是通过改进要素配置效率而非技术溢价实现。

第三，养殖户的专业分工显著促进其规模化经营的意愿。调查显示，70.6% 的养殖户希望扩大经营规模，意愿平均经营规模（7.05亩）较实际经营规模（1.94 亩）多 5.11 亩。进一步研究发现，家庭劳动力充裕与否是养殖户持续养殖的重要条件，大多数养殖户都认同特种动物养殖的高风险性，技术风险和市场风险都会增加养殖户的退出概率，但防范风险的经验积累或可降低风险对投资决策的影响。通过与饲料供应商或毛皮收购商等经济主体的密切合作，可诱导养殖户通过参与社会分工实现职业转换，推动养殖专业化和规模化发展。

第四，在市场发展的不同阶段，养殖户的专业分工决策会出现阶段性差异，当外部专业市场缺乏时，家庭内部分工的专业化效应有利于其规模化演进；养殖户通过生产外包获得的分工溢价与专业服务性市场的发展程度正相关，当外部市场发展不成熟时，养殖户自营相应生产环节更有利于其规模化。随着养殖规模的增大，可以通过家庭劳动力的专业化效应提高劳动生产率；专业化服务市场的发展程度与养殖户通过生产外包获得的分工溢价，市场发展越成熟，养殖户通过生产外包获得的分工溢价越大，相反，自营相应生产环节对养殖场的规模化进程更有利。无论外部分工还是家庭内部分工，都从两个方面有利于养殖场规模化演进：一方面，通过分工溢价缩短种畜规模扩大至 Q_2 的时间；另一方面，为养殖场扩建提供必要的资金积累。

10.2　政　策　启　示

鼓励农户参与农业分工，可以有效地促进农户经营的技术效率，并推动农业专业化、规模化进程，有利于实现国家新型经营主体的构建目标，也有利于农业现代化的实现。基于此，可以通过以下渠道提高农户参与社会分工的积极性。

第一，构建合理健全的农业社会化服务体系，是解决"小生产"与"大市场"矛盾的前提（高强、孔祥智，2013）。基于不同类型生产环节养殖户分工参与特征的差异，通过一定的制度供给或可改善养殖户的分工参与行为：（1）推动校企合作，加速繁育技术规范化发展进程，有助于技术服务供给主体尽快实现专业化、规模化。据了解，目前国内专门从事特种动物养殖研究的主要有中国农业科学院特产研究所、中国农业大学、吉林大学、吉林农业大学等少数科研机构。这些机构虽然与养殖基地都有或多或少的联系，但大多都是基于药品推广并获利的短期合作行为。笔者在山东诸城市大森林特种动物养殖合作社调研时发现，他们与吉林大学共同成立了水貂养殖技术研究室，用于为科研人员提供试验场所并实现长期技术合作，这种做法或是对现有状况的一种改进。（2）构建技术交流平台，充分发挥行业协会、合作组织、专业大户等的带动作用。调查显示，目前普通养殖户的养殖技术信息大多通过养殖户的经验积累和养殖户之间的互相交流获得，而通过正规培训渠道获得的仅占29.4%，且培训机构大多为药店等盈利机构为宣传新产品提供的免费服务。国内毛皮动物养殖协会每年组织一次养殖技术交流大会，受邀参与人员仅限于国内一些规模较大的养殖户，并需要缴纳500~1000元不等的会费。访谈资料表明，通过规模化养殖户之间的技术交流，的确对技术传播具有积极的推动作用，但实际上，这种推动作用大多止于参与交流的养殖户，区域内部的养殖户大多将关键技术视为"机密"，很少交流。鉴于此，本研究建议应充分发挥地方性行业协会、合作组织和专业大户对普通养殖的带动作用，定期组织技术交流，推动养殖技术普及。

第二，稳定的资金保障是养殖户实现规模化经营的前提。基于特种动物养殖的周期性生产和高风险等特点，必须通过两种渠道保障养殖户的资金供给：（1）加强区域性金融机构的支农力度，简化贷款程序，将放款额度与养殖户的经营能力挂钩，而非与目前经营规模挂钩。据调查，虽然目前大多数养殖户（79.7%）都表示可以通过商业银行或农信社获得贷款，但能够利用贷款扩大养殖规模的养殖户却寥寥无几，原因主要是由于金融机构提供信贷支持存在"嫌贫爱富"的歧视。本研究建议合作组织应对普通农户的信贷需求提供担保，减少信贷供求双方的信息甄别成本，使资金供需合理匹配；（2）农业经营规模与风险呈正比例变化，而保险供给不足是农业生产领域普遍存在的问题（孔祥智，2014）。调查显示，大多数养殖户都认识到特种动物养殖过程中的高市场风险和高自然风险，计量结果也显示，虽然养殖户的经验积累可以减缓风险对经营预期的冲击作用，但依然阻碍了养殖户的规模化经营意愿。增加农业保险的制度供给，如针对重大疫情的保险，可以减少农户经营的不确定性，防止疫情发生对养殖户经营的"毁灭性打击"，加速规模化经营进程。

第三，虽然养殖业对土地要素的依赖较种植业弱，但土地规模依然是养殖户生产能力的基本保障。特种动物养殖过程中的固定投资和专用设备投资与养殖规模息息相关①。调查显示，在养殖过程中通过租入土地扩大养殖规模的做法并不可取②，一些规模较大的养殖户都通过自己的社会关系寻找合适的养殖场所，但由此造成的问题是，谈判能力弱、养殖区域不集中、污染严重等。地方政府应合理规划，统筹布局，并适当延长养殖场的使用年限，鼓励养殖户长期投资。

此外，地方政府还可以通过以下渠道改进特种动物养殖环境：（1）鼓励素质高、年纪轻的就业人员从事特种动物养殖，为新进入养殖户提供资金支持，改善特种动物养殖者的年龄和受教育结构；（2）逐步在当地建立生皮鞣制及交易市场，减少养殖户市场信息的获得成本，同时鼓励养殖户通过生皮鞣制提高产品附加值，增加农民受益；（3）在当地成立行业协会或合作组织，并对协会或合作组织提供资金支持，为养殖户提供技术、信息、贷款等服务；（4）尽快完善特种动物养殖的数据统计资料，强化特种动物养殖在当地农业经济发展中的支柱作用。

10.3　本研究的局限性

尽管本研究力图运用微观数据验证农业分工与市场规模演进的互

---

①　部分生产设施如冷库、喂料车等的投资需要养殖户达到一定的养殖规模才有"利"可图。

②　养殖场基础设施如场棚的建设规格限制了养殖户采用新生产技术的能力，即便养殖户租入土地扩大养殖场规模，但也无法发挥规模化优势，只能是原有产能的叠加。

动机制，但由于笔者研究能力和精力所限，依然存在一定的局限性。

第一，特种动物养殖业无论在生产特征还是经营模式方面都与传统种植业和养殖业存在显著的区别，以此为背景的研究也自然在一定程度上弱化了由于农业生产特性导致的农业分工有限性。相对来说，特种动物养殖业兼具农业生产和工业生产的特性，因而通过迂回生产深化分工比传统农业生产更具可能性。但应当注意的是，从长期来看，通过发展设施农业、改变产品特性及增加中间投入等途径，可以促进农业分工深化（罗必良，2008）。就本文的研究来看，虽然针对特定产业的研究结论无法直接应用于传统农业生产，但农业分工与市场规模演进的相互促进作用仍不失普适性。

第二，本文对分工与市场规模演进互动机制验证的前提是不考虑政策对市场规模的推动作用，但事实上，在农业规模经营进程中，政策对个体规模演进的影响无处不在，为加快农业规模经营进程，许多地方政府甚至不惜强迫农民搞土地流转，强力支持龙头企业到农村大规模转入土地并经营农业；或通过下指标、定任务的方式，要求通过租赁、股份制等途径，吸引城乡资本到农村大面积经营农业（姜长云，2013）；农业补贴等政策对农场的规模演化具有显著的影响（key & Roberts，2007）。就本研究所选取的研究对象规模演进过程来看，尽管没有针对性的政策直接影响个体经营决策，但特定时期政府对产业发展的支持作用仍不可忽视。

第三，特种动物养殖特性决定了其数据获取的困难，为保证数据的可得性，本文的调查区域主要集中在山东潍坊。根据笔者对其他养殖区的走访，从产业层面上，潍坊市特养产业的演化历程可以充分代表山东省特养产业的发展概况；在微观层面上，潍坊市特养产业已经逐渐由水貂养殖演变为以狐狸养殖为主的区域，所获得的微观数据也主要来源于狐狸养殖户。仅有的宏观统计数据并未对不同种类的特种动物进行区分，宏观数据与微观数据统计层面上的差异，可能会对特种动物养殖产业演进层面上的分析结论产生偏误。笔者深入了解特种动物的生产特性后发现，不同特种动物的规模与成本收益之间可以通过比例换算消除差异，而本文所关注的分工决策并不因动物品种的不同而存在差异；同时，宏观统计数据在历年的统计口径上具有一定的延续性，因而这种偏误并不足以影响对产业发展的判断。

参 考 文 献

[1] 阿尔弗雷德·马歇尔. 经济学原理（精华本）[M]. 朱志泰，陈良璧译. 北京：中国商业出版社，2009：9-11.

[2] 阿林·杨格. 报酬递增与经济进步 [M]. 载罗卫东编：经济学基础文选读 [M]. 杭州：浙江大学出版社，2007.

[3] 蔡昉，李周. 我国农业中规模经济的存在和利用 [J]. 当代经济科学，1990（2）：25-34.

[4] 蔡荣，蔡书凯. 农业生产环节外包实证研究——基于安徽省水稻主产区的调查 [J]. 农业技术经济，2014（4）：34-42.

[5] 曹文杰. 基于 DEA-Tobit 模型的山东省家庭农场经营效率及影响因素分析 [J]. 山东农业科学，2014（12）：133-137.

[6] 陈超，李寅秋，廖西元. 水稻生产环节外包的生产率效应分析——基于江苏省三县的面板数据 [J]. 中国农村经济，2012（2）：86-96.

[7] 陈文浩，谢琳. 农业纵向分工：服务外包的影响因子测度——基于专家问卷的定量评估 [J]. 华中农业大学学报（社会科学版），2015（2）：17-24.

[8] 陈晓华. 大力培育新型农业经营主体——在中国农业经济学会年会上的致辞 [J]. 农业经济问题，2014（1）：4-7.

[9] 陈义媛. 土地托管的实践与组织困境：对农业社会化服务体系构建的思考 [J]. 南京农业大学学报（社会科学版），2017，17（6）：120-130，165-166.

[10] 陈奕山. 小农户在中国农业现代化进程中的作用及处境变化 [J]. 中国农业大学学报（社会科学版），2021，38（4）：19-30.

［11］崔红志，刘亚辉．我国小农户与现代农业发展有机衔接的相关政策、存在问题及对策［J］．中国社会科学院研究生院学报，2018（5）：34－41，145．

［12］道格拉斯·诺斯：制度变迁与经济绩效［M］．上海：上海三联书店，2008：36．

［13］董帮应．基于规模经营视角的农户经营主体的变迁［D］．合肥：安徽大学博士学位论文，2014．

［14］杜贵阳．斯密定理、产业集聚与区域经济一体化［J］．世界经济与政治论坛，2005（1）：20－22．

［15］高帆．分工演进与中国农业发展的路径选择［J］．学习与探索，2009（1）：139－145．

［16］高帆，秦占欣．二元经济反差：一个新兴古典经济学的解释［J］．经济科学，2003（1）：97－103．

［17］高强，孔祥智．我国农业社会化服务体系演进轨迹与政策匹配：1978～2013年［J］．改革，2013（4）：5－18．

［18］顾莉丽．吉林省农户生猪养殖意愿及其影响因素的实证研究——基于对吉林省237个农户的调查［J］．中国畜牧杂志，2013（4）：46－50．

［19］郭熙保，冯玲玲．家庭农场规模的决定因素分析：理论与实证［J］．中国农村经济，2015（5）：82－95．

［20］韩庆龄．小农户经营与农业社会化服务的衔接困境——以山东省M县土地托管为例［J］．南京农业大学学报（社会科学版），2019，19（2）：20－27，156．

［21］郝爱民．农业生产性服务对农业技术进步贡献的影响［J］．华南农业大学学报（社会科学版），2015，14（1）：8－15．

［22］何宇鹏，武舜臣．连接就是赋能：小农户与现代农业衔接的实践与思考［J］．中国农村经济，2019（6）：28－37．

［23］胡初枝，黄贤金．农户土地经营规模对农业生产绩效的影

响分析——基于江苏省铜山县的分析 [J]. 农业技术经济，2007 (6)：81 –84.

[24] 胡浩，张晖，黄士新. 规模养殖户健康养殖行为研究——以上海市为例 [J]. 农业经济问题，2009 (8)：25 –31.

[25] 胡新艳，罗必良，谢琳. 农业分工深化的实现机制：地权细分与合约治理 [J]. 广东财经大学学报，2015 (1)：33 –42.

[26] 胡新艳，朱文珏，罗锦涛. 农业规模经营方式创新：从土地逻辑到分工逻辑 [J]. 江海学刊，2015 (2)：75 –82.

[27] 黄斌，郝秀宁，董云霞. "以县为主"和"新机制"改革是否改善了县域间教育财政支出差异 [J]. 教育与经济，2013 (6)：3 –10.

[28] 黄祖辉，陈欣欣. 农户粮田规模经营效率：实证分析与若干结论 [J]. 农业经济问题，1998 (11)：3 –8.

[29] 黄祖辉，俞宁. 新型农业经营主体：现状、约束与发展思路——以浙江省为例的分析 [J]. 中国农村经济，2010 (10)：16 –26.

[30] 纪玉俊，杨蕙馨. 纵向交易治理、分工制度安排与企业边界 [J]. 山西财经大学学报，2008 (5)：1 –5.

[31] 贾根良. 杨格定理与经济发展理论 [J]. 经济社会体制比较，1996 (2)：58 –60.

[32] 贾燕兵. 交易费用、农户契约选择与土地承包经营权流转 [D]. 四川农业大学博士学位论文，2013.

[33] 姜长云. 农户家庭经营与发展现代农业 [J]. 江淮论坛，2013 (6)：75 –80.

[34] 姜松，曹峥林，刘晗. 农业社会化服务对土地适度规模经营影响及比较研究——基于 Chip 微观数据的实证 [J]. 农业技术经济，2016 (11)：4 –13.

[35] 孔祥智，徐珍源. 转出土地农户选择流转对象的影响因素分析——基于综合视角的实证分析 [J]. 中国农村经济，2010 (12)：

17 – 25.

[36] 李春海, 张文, 彭牧青. 农业产业集群的研究现状及其导向: 组织创新视角 [J]. 中国农村经济, 2011 (3): 49 – 58.

[37] 李谷成, 冯中朝, 范丽霞. 农户家庭经营技术效率与全要素生产率增长分解 (1999 ~ 2003 年) ——基于随机前沿生产函数与来自湖北省农户的微观证据 [J]. 数量经济技术经济研究, 2007 (8): 25 – 34.

[38] 李相宏. 农业规模经营模式分析 [J]. 农业经济问题, 2003 (8): 48 – 51.

[39] 李寅秋, 申红芳. 华东地区农业生产环节外包供给行为研究——以水稻为例 [J]. 农业部管理干部学院学报, 2015 (1): 17 – 23.

[40] 李忠国. 农业适度规模经营实现形式若干问题的思考 [J]. 农村经营管理, 2005 (11): 22 – 23.

[41] 廖西元, 申红芳, 王志刚. 中国特色农业规模经营 "三步走" 战略——从 "生产环节流转" 到 "经营权流转" 再到 "承包权流转" [J]. 农业经济问题, 2011 (12): 15 – 22.

[42] 刘凤芹. 农业土地规模经营的条件与效果研究: 以东北农村为例 [J]. 管理世界, 2006 (9): 71 – 79.

[43] 刘明宇. 制度、分工演化与经济绩效——基于分工维度对农民贫困的制度分析 [D]. 西安: 西北大学博士学位论文, 2004.

[44] 刘少伯, 石有龙, 葛翔. 规模养猪业形势看好. 散养户步入 "拐点" [J]. 中国畜牧兽医报, 2007: 5 (27).

[45] 刘彦, 张旭等. 我国毛皮动物养殖现状与发展对策研究 [J]. 中国畜牧杂志, 2010 (18): 10 – 13.

[46] 卢洋啸, 孔祥智. 改革开放以来小农户与现代农业有机衔接的探索——文献综述视角 [J]. 经济体制改革, 2019 (6): 89 – 95.

[47] 芦千文, 苑鹏. 农业农村现代化中的小农户发展动态与衔接机制研究 [J]. 江淮论坛, 2021 (4): 60 – 67.

[48] 罗必良. 经济组织的制度逻辑——一个理论框架及其对中国农民经济组织的应用研究 [M]. 太原：山西经济出版社，2000.

[49] 罗必良，李孔岳，王京安等. 农业产业组织：演进、比较与创新——机遇分工维度的制度经济学研究 [M]. 北京：中国经济出版社，2002.

[50] 罗必良，李尚蒲. 农地流转的交易费用：威廉姆森分析范式及广东的证据 [J]. 农业经济问题，2010（12）：30-40.

[51] 罗必良. 论农业分工的有限性及其政策含义 [J]. 贵州社会科学，2008（1）：80-87.

[52] 罗必良. 现代农业发展理论——逻辑线索与创新路径 [M]. 北京：中国农业出版社，2009：19-25.

[53] 罗伯特·K. 殷. 案例研究方法的应用 [M]. 重庆：重庆大学出版社，2014.

[54] 罗伯特·K. 殷. 案例研究：设计与方法（第2版）[M]. 重庆：重庆大学出版社，2010.

[55] 罗富民，段豫川. 分工演进对山区农业生产效率的影响研究——基于川南山区县级数据的空间计量分析 [J]. 软科学，2013（7）：83-87.

[56] 罗纳德·科斯. 企业、市场与法律 [M]. 上海：格致出版社、上海人民出版社，2009.

[57] 罗思高，黄季焜，大塚启二郎. 中国农业的发展动力：生物技术进步、市场化和土地租赁 [J]. 华中师范大学学报（人文社会科学版），2006（1）：16-29.

[58] 罗伊·普罗斯特曼，李平，蒂姆·汉斯达德. 中国农业的规模经营：政策适当吗？[J]. 中国农村观察，1996（6）：17-29.

[59] 马克思. 资本论（第1卷）[M]. 北京：人民出版社，1975：389-392.

[60] 马雅恬，王良虎，王浴青，王钊. 分工深化对农业规模经

济的传导机制研究 [J]. 西南大学学报（自然科学版），2022，44（2）：116 – 127.

[61] 迈克尔·波特. 国家竞争优势 [M]. 北京：华夏出版社，2000.

[62] 迈克尔·波特. 竞争战略 [M]. 北京：华夏出版社，1997.

[63] 倪国华，蔡昉. 农户究竟需要多大的农地经营规模？——农地经营规模决策图谱研究 [J]. 经济研究，2015（3）：159 – 171.

[64] 诺斯·D. 制度变迁与经济绩效 [M]. 上海：上海三联书店，2008：36.

[65] 彭柳林，吴昌南，张云，等. 粮食生产效率：农业生产性服务对农业劳动力老龄化具有调节效应吗？——基于江西省粮食主产县 500 农户的调查 [J]. 中国农业资源与区划，2018，39（4）：7 – 13.

[66] 钱文荣. 农地市场化流转中的政府功能探析——基于浙江省海宁、奉化两市农户行为的实证研究 [J]. 浙江大学学报（人文社会科学版），2003（5）：155 – 161.

[67] 钱文荣，张忠明. 农民土地意愿经营规模影响因素实证研究——基于长江中下游区域的调查分析 [J]. 农业经济问题，2007（5）：28 – 34.

[68] 钱忠好. 农地承包经营权市场流转：理论与实证分析——基于农户层面的经济分析 [J]. 经济研究，2003（2）：83 – 91.

[69] 乔颖丽，吉晓光. 中国生猪规模养殖与农户散养的经济分析 [J]. 中国畜牧杂志，2012（8）：14 – 19.

[70] 乔颖丽，岳玉平. 土地流转中农业规模经营组织类型的经济分析——基于农户与规模经营组织双向层面的分析 [J]. 农业经济问题，2012（4）：55 – 61.

[71] [美] 乔治·施蒂格勒. 产业组织 [M]. 上海：上海人民

出版社，2006：46－49.

[72]［英］琼·罗宾逊. 不完全竞争经济学［M］. 王翼龙译. 北京：华夏出版社，2012.

[73] 阮文彪. 小农户和现代农业发展有机衔接——经验证据、突出矛盾与路径选择［J］. 中国农村观察，2019（1）：15－32.

[74] 申红芳，陈超，廖西元等. 稻农生产环节外包行为分析——基于7省21县的调查［J］. 中国农村经济，2015（5）：44－57.

[75] 沈琼，张银定，潘向东. 不同饲养方式下生猪的成本收益差异分析［J］. 中国动物保健，2004（5）：30－33.

[76] 沈银书，吴敬学. 我国生猪规模养殖的发展趋势与动因分析［J］. 中国畜牧杂志，2011（22）：49－52.

[77] 盛洪. 分工与交易——一个一般理论及其对中国非专业化问题的应用分析［M］. 上海：上海三联书店，1992.

[78] 宋建平. 推动小农户与现代农业衔接的理论与政策分析［J］. 生产力研究，2019（10）：53－60.

[79] 宋连喜. 生猪散养模式的利弊分析与趋势预测［J］. 中国畜牧杂志，2007（18）：17－20.

[80] 唐东波. 市场规模、交易成本与垂直专业化分工——来自中国工业行业的证据［J］. 金融研究，2013（5）：181－193.

[81] 田凤香，许月明，胡建. 土地适度规模经营的制度性影响因素分析［J］. 贵州农业科学，2013（3）：95－97.

[82] 王继权，姚寿福. 专业化、市场结构与农民收入［J］. 农业技术经济，2005（5）：13－21.

[83] 王京安，罗必良. 解决"三农"问题的根本：基于分工理论的思考［J］. 南方经济，2003（2）：60－62.

[84] 王培先. 适度规模经营：我国农业现代化的微观基础［D］. 上海：复旦大学博士学位论文，2003.

[85] 王松梅. 小农户和现代农业发展实现有机衔接问题研究综

述 [J]. 当代经济, 2019 (12): 109 –111.

[86] 王学渊. 基于前沿面理论的农业水资源生产配置效率研究 [D]. 杭州: 浙江大学博士学位论文, 2008.

[87] 王瑶. 斯密定理和规模经济——试论马歇尔冲突是一伪命题 [J]. 经济学动态, 2011 (5): 145 –150.

[88] 王志刚, 申红芳, 廖西元. 农业规模经营: 从生产环节外包开始——以水稻为例 [J]. 中国农村经济, 2011 (9): 4 –12.

[89] [美] 威廉·鲍莫尔. 资本主义的增长奇迹——自由市场创新机器 [M]. 北京: 中信出版社, 2004.

[90] 卫新, 毛小报, 王美清. 浙江省农户土地规模经营实证分析 [J]. 中国农村经济, 2003 (10): 31 –36.

[91] 魏修建, 李思霖. 我国生产性服务业与农业生产效率提升的关系研究——基于 DEA 和面板数据的实证分析 [J]. 经济经纬, 2015, 32 (3): 23 –27.

[92] 项继权. 我国农业规模经营政策初探 [J]. 社会主义研究, 1994 (6): 55 –58.

[93] 肖卫东. 农业地理集聚与农业分工深化、分工利益实现 [J]. 东岳论丛, 2012 (8): 126 –131.

[94] 谢富胜, 李安. 分工动态与市场规模扩展——一个马克思主义经济学的分析框架 [J]. 马克思主义研究, 2009 (9): 49 –58.

[95] 熊彼特. 经济分析史 (第1卷第1版) [M]. 北京: 商务印书馆, 1991: 285.

[96] 徐锐钊. 比较优势、区位优势与我国油料作物区域专业化研究 [D]. 南京: 南京农业大学博士学位论文, 2009.

[97] 许庆, 尹荣梁, 章辉. 规模经济、规模报酬与农业适度规模经营——基于我国粮食生产的实证研究 [J]. 经济研究, 2011 (3): 59 –71.

[98] 许庆, 尹荣梁. 中国农地适度规模经营问题研究综述 [J]. 中

国土地科学，2010（4）：75-81.

［99］薛亮．从农业规模经营看中国特色农业现代化道路［J］.农业经济问题，2008（6）：4-9.

［100］［英］亚当·斯密．国民财富的性质和原因的研究（上卷）［M］.北京：商务印书馆，1972：1-21.

［101］杨丹．农民合作经济组织对农业分工和专业发展的促进作用研究［D］.重庆：西南大学博士学位论文，2011.

［102］杨丹．农业分工和专业化能否引致农户的合作行为——西部5省20县农户数据的实证分析［J］.农业技术经济，2012（8）：56-64.

［103］杨万江，李琪．新型经营主体生产性服务对水稻生产技术效率的影响研究——基于12省1926户农户调研数据［J］.华中农业大学学报（社会科学版），2017（5）：12-19，144.

［104］杨小凯，黄有光．专业化与经济组织：一种新兴古典微观经济学框架［M］.北京：经济科学出版社，2000.

［105］杨小凯．经济学原理［M］.北京：中国社会科学出版社，1998：231.

［106］杨子，饶芳萍，诸培新．农业社会化服务对土地规模经营的影响——基于农户土地转入视角的实证分析［J］.中国农村经济，2019（3）：82-95.

［107］姚贱苟．70年来中国政府促进小农户参与现代农业发展的责任履行演变研究［J］.农业经济，2020（11）：3-5.

［108］姚寿福．农地规模经营、专业化与农业绩效［J］.农村经济，2012（3）：28-31.

［109］姚洋．发展经济学［M］.北京：北京大学出版社，2013：59.

［110］姚洋．非农就业结构与土地租赁市场的发育［J］.中国农村观察，1999b（2）：18-23.

[111] 姚洋.农地制度与农业绩效的实证研究 [J].经济研究参考,1999a (5):35-36.

[112] 姚洋.小农与效率——评曹幸穗《旧中国苏南农家经济研究》[J].中国经济史研究,1998 (4):142-146.

[113] 姚洋.中国农地制度:一个分析框架 [J].中国社会科学,2000 (2):54-65.

[114] 于爱芝.中国生猪饲养业比较优势分析 [J].农业技术经济,2005 (1):40-44.

[115] 袁庆明,魏琳.威廉姆森企业边界理论评析 [J].当代财经,2009 (12):23-27.

[116] [英] 约翰·穆勒.政治经济学原理——及其在社会哲学上的若干应用 [M].赵荣潜等译.北京:商务印书馆,1997.

[117] [英] 约翰·伊特韦尔,[英] 莫里·米尔盖特·纽曼.新帕尔格雷夫经济学大辞典 (第二卷):E-J,中译本 [Z].北京:经济科学出版社,1996:84-88.

[118] 张存根.提高生猪小农户生产者的竞争力 [J].中国猪业,2006 (2):5-7.

[119] 张光辉.农业规模经营与提高单产并行不悖——与任治君同志商榷 [J].经济研究,1996 (1):55-58.

[120] 张红宇,刘玫,王晖.农村土地使用制度变迁:阶段性、多样性与政策调整 [J].农业经济问题,2002 (2):12-20.

[121] 张红宇.新型农业经营主体发展趋势研究 [J].经济与管理评论,2015 (1):104-109.

[122] 张红宇.中国农村的土地制度变迁 [M].北京:中国农业出版社,2002:127.

[123] 张忠军,易中懿.农业生产性服务外包对水稻生产率的影响研究——基于358个农户的实证分析 [J].农业经济问题,2015,36 (10):69-76.

[124] 赵耀辉. 关于改革农业科教体制促进农科教结合的几点思考 [J]. 农业科技管理, 1999 (4): 6-9.

[125] 郑大豪. 规模经济与我国农业的规模经营问题 [J]. 北京社会科学, 1989 (3): 116-121.

[126] 中共中央马克思、恩格斯、列宁、斯大林著作编译局. 马克思恩格斯选集 (第4卷). 北京: 人民出版社, 1995.

[127] 周诚. 对我国农业实行土地规模经营的几点看法 [J]. 中国农村观察, 1995 (1): 41-43.

[128] 朱希刚, 钱伟曾. 农户种植业规模研究 [J]. 农业经济问题, 1989 (7): 26-31.

[129] 邹伟, 吴群. 基于交易成本分析的农用地内部流转对策研究 [J]. 农村经济, 2006 (12): 41-43.

[130] Ahearn, M. C., Yee, J., & Korb, P. Effects of differing farm policies on farm structure and dynamics [J]. American Journal of Agricultural Economics, 2005, 87 (5): 1182-1189.

[131] Akimowicz, M. E., Magrini, M. I. & Ridier, A. What influences farm size growth? An illustration in southwestern France [J]. Applied Economic Perspectives and Policy, 2013, 35 (2): 242-269.

[132] Atwood, J. A.; Helmers, G. A. and Shaik, S. Farm and nonfarm factors influencing farm size. American Agricultural and Applied Economics Association Annual Meeting [J]. Long Beach, California, 2002 (7): 28-31.

[133] Bain, J. S. Industrial Organization [M]. New York: John Wiley & Sons, 1968: 252.

[134] Bakucs, L. Z., & Fert, H. O. The growth of family farms in Hungary [J]. Agricultural Economics, 2009, 40 (s1): 789-795.

[135] Banker, R. D., Charnes, A., & Cooper, W. W. Some models and scale inefficiencies for estimating technical in data envelopment

analysis [J]. Management Science, 1984, 30 (9): 1078 - 1092.

[136] Barnum, H. N. & Squire, L. A model of an agricultural household: theory and evidence. Washington D. C. [M]. Johns Hopkins University, 1979: 128 - 130.

[137] Barry, P. J. , Sonka, S. T. , & Lajili, K. Vertical coordination, financial structure, and the changing theory of the firm [J]. American Journal of Agricultural Economics, 1992, 5 (74): 1219 - 1225.

[138] Bartolini, F. & Viaggi, D. The common agricultural policy and the determinants of changes in EU farm size [J]. Land use policy, 2013, 31: 126 - 135.

[139] Berry, R. A. , Cline, W. R. Agrarian structure and productivity in developing countries [M]. Baltimore and London: Jonhs Hopkins University Press, 1979: 135 - 136.

[140] Besley, T. Property rights and investment incentives: Theory and evidence from Ghana [J]. Journal of Political Economy, 1995, 103 (5): 903 - 907.

[141] Bont, C. J. , Soboh, R. , & Blokland, P. W. Farm viability in the European Union: assessment of the impact of changes in farm payment [J]. Den Haog: LEI Wageningen UR, 2010: 59.

[142] Boucher, R. & Gillespie, J. Projected commodity costs and returns, beef cattle, dairy, and forage crop production in Louisiana [J]. Aea Information, 2001: 36.

[143] Bowlus, A. & Sicular, T. Moving towards markets? Labor allocation in rural China [J]. Journal of Development Economics, 2003, 71 (2): 561 - 583.

[144] Bremmer, J. Oude, L. A, & Olson, K. D. , et al. Analysis of farm development in Dutch agriculture and horticulture [A]. 13th Congress of International Farm Management Association (IFMA) [C]. Wa-

geningen, the Netherlands, 2002: 7 – 12.

[145] Breustedt, G. & Glauben, T. Driving forces behind exiting from farming in Western Europe [J]. Journal of Agricultural Economics, 2007, 58 (1): 115 – 127.

[146] Cantillon, R. The circulation and exchange of goods and merchandise [J]. Essai sur la Nature du Commerce en Général, 1775: 138.

[147] Chavas, J. P. Petrie, R. Roth, M. Farm household production efficiency: evidence from the Gambia [J]. American Journal of Agricultural Economics, 2005, 87 (1): 160 – 179.

[148] Coelli, T. J. A guide to DEAP version 2. 1: A data envelopment analysis (computer) program. CEPA Working Paper. Armidale: CEPA, 1996: 1 – 23.

[149] Coelli, T. J. , &Fleming, E. Diversification Economies and Specialization Efficiencies in a Mixed Food and Coffee Smallholder Farming System in Papua New Guinea [J]. Agricultural Economics, 2004, 31 (2 – 3): 229 – 239.

[150] Cornia, G. A. Farm size, land yields and the agricultural production function: an analysis for fifteen developing countries [J]. World Development, 1985, 13 (4): 513 – 534.

[151] Devinney, T. M. & Lin, N. How much do managers look beyond cost when making outsourcing decisions? A Best-worst Scaling Examination of Outsourcing Decision – Making [J]. 2008, 9 (19): 363.

[152] Dolev, Y. & Kimhi, A. Does farm size really converge? The role of unobserved farm efficiency, working paper, the Center for Agricultural Economic Research of the Hebrew University, 2008 (10): 44.

[153] Dolev, Y. & Kimhi, A. Do family farms really converge to a uniform size? The role of unobserved farm efficiency [J]. Australian Journal of Agricultural and Resource Economics, 2010, 54 (1): 119 – 136.

[154] Dong, X. Y. Two – Tier land tenure system and sustained economic growth in post – 1978 rural China [J]. World Development, 1996, 24 (5): 915 – 928.

[155] Eastwood, R.; Lipton, M. and Newell, A., Farm size, in Evenson, R. and Pingali, Handbook of Agricultural Economics, Vol. 3, North Holland, 2010.

[156] Feenstra, R. C. & Hanson, G. H. The impact of outsourcing and high-technology capital on wages estimates for the United States, 1979 – 1990 [J]. Quarterly Journal of Economics, 1999, 114: 907 – 940.

[157] Fleming, E. and Hardaker, J. B., Strategies for Melanesian agriculture for 2010: tough choices. Nation Centre for Development Studies, Canberra, 1994: 44 – 47.

[158] Foltz, J. D. Entry, exit, and farm size: assessing an experiment in dairy price policy [J]. American Journal of Agricultural Economics, 2004, 86 (3): 594 – 604.

[159] Gibrat, R. Les inegalites economiques [J]. Librairie du Recueil Sirey. Paris, 1931.

[160] Gillespie, J., Nehring, R. & Sandretto, C. Forage outsourcing in the dairy sector: The extent of use and impact on farm profitability [J]. Agricultural & Resource, 2010, 3 (39): 399 – 414.

[161] Goetz, S. J. & Debertin, D. L. Why farmers quit: A county-level analysis [J]. American Journal of Agricultural Economics, 2001, 83 (4): 1010 – 1023.

[162] Gort, M. & Klepper, S. Time paths in the diffusion of product innovation [J]. The Economic Journal, 1982 (92): 630 – 653.

[163] Greif. A. Cultural Beliefs and the Organization of Society: A Historical and Theoretical Reflection on Collectivist and Individualist Socie-

ties [J]. Journal of Political Economy, 1994, 102: 912 – 950.

[164] Grossman, S. J. & Hart, O. D. The Costs and Benefits of Ownership: A Theory of Vertical and Lateral Integration [J]. Journal of Political Economy, 1986, 94 (4): 691 – 719.

[165] Handcock, M. S., & Morris, M. Relative distribution methods [J]. Sociological Methodology, 1998, 28 (1): 53 – 97.

[166] Huffman, W. E., & Evenson, R. E. Structural and Productivity change in US agriculture, 1950 – 1982 [J]. Agricultural Economics, 2001, 24 (2): 127 – 147.

[167] Hummels, D., Ishii, J. & Yi, K. M. The nature and growth of vertical specialization in world trade [J]. Journal of International Economics, 2001, 54 (1): 75 – 96.

[168] Igata, M., Hendriksen, A., & Heijman, W. Agricultural outsourcing: A comparison between the Netherlands and Japan [J]. Applied Studies in Agribusiness and Commerce, 2008, 2 (1 – 2): 29 – 33.

[169] Jann B. Relative distribution methods in Stata. 6th German Stata Users, 2008.

[170] Janvry, A. D, Fafchamps, M., Sadoulet. E. Peasant household behavior with missing markets: some paradoxes explained [J]. The Economic Journal, 1991, 101 (12): 1400 – 1417.

[171] Kazukauskas, A., Newman, C. & Clancy, D. et al. Disinvestment, farm size, and gradualfarm exit: the impact of subsidy decoupling in a European context [J]. American Journal of Agricultural Economics, 2013: 1068 – 1087.

[172] Kazukauskas, A., Newman, C. & Clancy, D. The effect of decoupled direct payments on farm exit behavior: quasi-experimental evidence from Europe, IIIS, 2011.

[173] Kerr, P. Adam Smith's Theory of Growth and Technological Change Revisited [J]. Contributions to Political Economy, 1993, 12 (1): 1 – 27.

[174] Key, N. D. & Roberts, M. J. Do government payments influence farm size and survival? Journal of Agricultural and Resource Economics, 2007: 330 – 348.

[175] Kimhi, A. & Tzur, N. Long – Run Trends in the Farm Size Distribution in Israel: The Role of Part – Time Farming, 2011 (9): 23 – 25.

[176] Kislev, Y. & Peterson, W. Prices, technology, and farm size, 1982: 578 – 595.

[177] Kitov, I. O. The evolution of firm size distribution [J]. Theoretical and Practical Research in Economic Fields (TPREF), 2011, 1 (3): 86 – 93.

[178] Kung, J. K. Off-farm labor markets and the emergence of land rental markets in rural China [J]. Journal of Comparative Economics, 2002, 30 (2): 395 – 414.

[179] Lafontaine, F. & Slade, M. Vertical Integration and Firm Boundaries: The Evidence [J]. Journal of Economic Literature, 2007, 45 (3): 629 – 685.

[180] Lynch, L. & Lovell, S. J. Combining spatial and survey data to explain participation in agricultural land reservation programs [J]. Land Economics, 2003, 79 (2): 259 – 276.

[181] McIvor, R. How the transaction cost and resource-based theories of the firm inform outsourcing evaluation [J]. Journal of Operations Management, 2009, 27: 45 – 63.

[182] Memilia, E., Chrismanb, J. J., & Chuad, J. H. The determinants of family firms'subcontracting: A transaction cost perspective,

2011, 2 (1): 26 - 33.

[183] Otsuka, K. Food insecurity, income inequality and the changing comparative of advantage in world agriculture [J]. Agricultural Economics, 2013, 44 (s1): 7 - 18.

[184] Picazo - Tadeo, A. J. , &Reig - Martínez, E. Outsourcing and efficiency: the case of Spanish citrus farming [J]. Agricultural Economics, 2006, 35 (2): 213 - 222.

[185] Rahelizatovo, N. C. , & Gillespie, J. M. Dairy farm size, entry, and declining production region [J]. Journal of Agricultural and Applied Economics, 1999, 31: 333 - 347.

[186] Rajan, R. G. , Zingales, L. , & Kumar, K. B. What determines firm size? . CRSP Working Paper, 2001: 01 - 1.

[187] Sen, A. K. An aspect of Indian agriculture [J]. Economic Weekly, 1962, 14: 323 - 326.

[188] Shi, H. &Yang, X. A new theory of industrialization [J]. Journal of Comparative Economics, 1995, 20 (2): 171 - 189.

[189] Singh, L. , Squire, L. , &Strauss, J. Agricultural Household Models [M]. Baltimore, the Johns Hopkins University Press, 1986.

[190] Sjaastad, L. A. The costs and returns of human migration [J]. The Journal of Political Economy, 1962 (70): 80 - 93.

[191] Snider, L. & Langemeier, M. A long-term analysis of changes in farm size and financial performance [A]. Southern Agricultural Economics Annual Meeting Atlanta [C]. Georgia, 2009.

[192] Sumner, D. A. & Wolf, C. A. Diversification, vertical integration, and the regional pattern of dairy farm size [J]. Review of Agricultural Economics, 2002, 2 (24): 442 - 457.

[193] Traversaca, J. , Roussetb, S. & Perrier - Cornetc, P. Farm resources, transaction costs and forward integration in agriculture: Evi-

dence from French wine producers [J]. Food Policy, 2011, 6 (36):
839 – 847.

[194] Tweeten, L. G. Causes and consequences of structural change
in the farming industry [M]. National Planning Association, 1984.

[195] Vernimmen, T. , Verbeke, W. , & Huylenbroeck, G. V.
Transaction cost analysis of outsourcing farm administration by Belgian farm-
ers [J]. European Review of Agricultural Economics, 2000, 27 (3):
325 – 345.

[196] Viaggia, D. , Raggib, M. & Paloma, S. G. An integer pro-
gramming dynamic farm-household model to evaluate the impact of agricul-
tural policy reforms on farm investment behavior [J]. European Journal of
Operational Research, 2010, 207 (2): 1130 – 1139.

[197] Walker, G. &Weber, D. A Transaction cost approach to
make-or-buy decisions [J]. Administrative Science Quarterly, 1984, 29:
373 – 391.

[198] Weersink, A. & Tauer, L. W. Causality between dairy farm
size and productivity [J]. American Journal of Agricultural Economics,
1991, 73 (4): 1138 – 1145.

[199] Weiss, C. R. Farm growth and survival: econometric evidence
for individual farms in Upper Austria [J]. American Journal of Agricultural
Economics, 1999, 81 (1): 103 – 116.

[200] Williamson, O. E. The economic institutions of capitalism,
New York: Free Press. 1985.

[201] Williamson, O. E. The economics of Organization: The trans-
action cost approach [J]. American Journal of Sociology, 1981, 87:
548 – 577.

[202] Wolf, C. A. Custom dairy heifer grower industry characteristics
and contract terms [J]. Journal of Dairy Science, 2003, 86 (9): 3016 –

3022.

[203] Wolf, C. A. & Sumner, D. A. Are farm size distributions bi-modal? Evidence from kernel density estimates of dairy farm size distributions [J]. American Journal of Agricultural Economics, 2001, 83 (1): 77 –88.

[204] Yang, X. , & Borland, J. A microeconomic mechanism for economic growth [J]. Journal of Political Economy, 1991, 99 (3): 460 –482.

附录

附录1　调查问卷

特种毛皮动物养殖户调查问卷

【调查说明】本问卷旨在了解潍坊市特种毛皮动物养殖户的社会分工参与情况及养殖规模的演进过程，您被选择为此次调查对象的原因是您正在从事特养行业或曾经从事特养行业，此次调研所得的全部内容将严格保密并仅用于学术研究，不涉及任何商业用途。本研究组承诺：您的个人资料仅便于补充必要信息时我们与您联系，不会以任何形式在其他地方出现。

非常感谢您的支持与合作！

请选择您所在的村庄：

编号	样本村	
001	大虞村	
002	邢石村	
003	田家村	
004	双庙村	
005	店子村	
006	三娘庙	
007	贾庄	

养殖场编号＿＿＿＿＿＿＿＿＿＿＿＿＿

联 系 电 话＿＿＿＿＿＿＿＿＿＿＿＿＿

访 谈 日 期＿＿＿＿年＿＿＿＿月＿＿＿＿日

调查员签名＿＿＿＿＿＿＿＿＿＿＿＿＿

注：

①本次调查对象主要包括养殖狐狸和水貂的养殖户。

②养殖场编号记录调查员的访谈顺序，由三位数组成："001"
"002"依此类推。

③所有附有选项的问题请直接进行选择，没有选项的问题请在横
线上填写。

一、基本信息

（一）户主信息（请填写以下表格）

序号	问题	答案
1	您的性别	女＿＿＿＿＿；男＿＿＿＿＿
2	您的出生年份	＿＿＿＿＿年
3	您受教育的总年数	＿＿＿＿＿年
4	您是否本村居民	否＿＿＿＿＿；是＿＿＿＿＿
		若否，则为＿＿＿＿省＿＿＿＿市＿＿＿＿县＿＿＿＿村人
5	您是否党员	否＿＿＿＿＿；是＿＿＿＿＿
6	您是否在村、镇（乡）任职	否＿＿＿＿＿；是＿＿＿＿＿

（二）家庭及养殖信息

1. 您家庭总人口数＿＿＿＿＿人，其中18周岁以下的未成年子女数
＿＿＿＿＿人，60（含）周岁以上的老年人口数＿＿＿＿＿人；

2. 您家庭的劳动力数量（指正常参加劳动的人口数量，不包括
学生）＿＿＿＿＿人；其中，全职从事特种动物养殖的劳动力＿＿＿＿＿人；

3. 您开始从事特种动物养殖的年份：＿＿＿＿＿年；

4. 您养殖水貂（狐狸）前从事的行业：_____（请从以下表格中选择）

编号	行业	请从以下选项中选择
1	务农	a. 种植业；b. 养殖业
2	务工	a. 正式职工；b. 临时工；c. 零工
3	自主经营	a. 与特养有关；b. 与特养无关
4	无业	a. 生病；b. 失业；c. 退休
5	其他（请说明）	_____

5. 您从事特养的原因（多选）_____

a. 政府号召；b. 亲戚朋友推荐；c. 特养业收益高；d. 多余资本投资；e. 打发时间；f. 节省劳动力；g. 耕地被划为养殖场；h. 其他（请说明）_____

6. 您的家庭年收入（元）：a. 3 万及以下；b. 3 万至 5 万；c. 5 万至 10 万；d. 10 万至 30 万；e. 30 万以上。

其中：农业收入_____元（种植业_____元，养殖业_____元）；

自营业收入_____元；

务工收入_____元。

退休金/养老金_____元

其他收入_____元（请说明收入种类_____）

（三）养殖场地块特征

1. 养殖场基本特征（请填写以下表格）

项目	说明	地块 1	地块 2	地块 3
面积	单位：亩			
产权性质	a. 自建养殖场 b. 向村集体承包养殖场 c. 通过个人承租养殖场			

项目	说明	地块 1	地块 2	地块 3
建（租）场时间	_____年			
管理费（租金）	单位：元/年			
使用方式	a. 自用 b. 出租			
	1. 若自用，则利用率（养殖面积/总面积）			
	2. 若出租，则租金收入为（元/年）			
与饲料市场距离	单位：米			
与药店距离	单位：米			
集中养殖程度	养殖场所在区域连成片的养殖户数，单位：户			

2. 以上养殖地块若租用，则：

（1）您选择出租方时考虑的主要因素是什么（可多选）：a. 养殖场所在的集中养殖区域情况；b. 养殖场距离饲料市场的距离；c. 养殖场距离家的距离；d. 该养殖区域内熟人的多少；e. 出租价格；f. 出租期限；g. 出租方户主的为人；h. 养殖场内设施是否齐全。

（2）您是否与出租方签订出租协议（a. 是；b. 否），若是，租期一般为_____年。出租协议中是否有关于以下项目的详细规定（包括口头形式约定）？_____（若有，请填写具体规定）

a. 退租时养殖场内固定设施（养殖棚）的处置；_____

b. 出租价格发生变动时双方的责任和权利；_____

c. 拆迁时双方的获偿权利；_____

d. 最少续租次数；_____

二、分工参与行为

养殖户您好：

在养殖过程中，部分生产环节往往并非由养殖户亲自完成，而借助其他组织或个体的力量完成；请您分别回忆在 2002 年、2007 年和当年以下生产环节的完成方式，若相应生产环节采用多种方式完成，请注明比例（％）。

生产环节	说明	选项	2002 年	2007 年	2013 年
搭建棚舍		1. 自己采购材料自己搭建 2. 自己采购材料，雇工搭建 3. 外包给工程队，包工包料			
饲料贮存		1. 家用冰箱（柜） 2. 自建冷库 3. 租用冷库			
日常喂养	饲料加工及喂食过程	1. 自己完成 2. 雇工完成			
育种繁殖	配种、生产及幼兽照料	1. 自己完成 2. 由其他养殖户完成 3. 由技术服务点完成			
防疫	养殖场清理和疫苗接种	1. 自己完成 2. 雇工完成			
取皮	处死、剥皮及生皮初加工	1. 自己完成 2. 雇工完成 3. 出售活皮兽			

三、规模调整

（一）请回忆您的初始养殖规模（0 年）以及在 2002 年、2007年和本年的养殖规模及经营情况。

项目	说明	0 年	2002 年	2007 年	2013 年
种兽（雌）	单位：只				
种兽（雄）	单位：只				
产仔数	单位：只				
成活率	%				
皮兽饲养天数	天				
当年出皮数	张				
当年成交价	元				

（二）您从事特种动物养殖以来，养殖规模是否发生过较大幅度的调整（指当年种兽规模变动幅度超过5%）？若是，请填写下列表格。

调整时间	调整幅度	调整原因	规模变大的种兽来源	规模变小的种兽处理途径

（三）养殖密度与养殖强度

1. 按照您的养殖经验，您认为最佳的养殖密度为每亩地饲养_____只种兽（雌）？最佳养殖强度为每个劳动力饲养_____只种兽（雌）？

2. 您当前的养殖密度与理想密度相比：（a. 偏高；b. 相当；c. 偏低）

★若密度偏低，主要原因是（可多选）：a. 养殖资金限制；b. 预计次年饲养成本上升；c. 预计当年毛皮价格较低；d. 幼兽来源不足以达到理想密度；e. 劳动力限制；f. 养殖经验不足。

★若密度偏高，您最希望采取以下哪种途径解决：a. 租用养殖场；b. 承包土地自建养殖场；c. 减小养殖规模。

3. 您当前的养殖强度与理想强度相比：a. 偏高；b. 相当；c. 偏低

★若强度偏低，您来年是否会扩大养殖规模？a. 否；b. 是

若否，主要是由于：a. 资金限制；b. 经验不足；c. 经营预期不乐观

★若强度偏高，您来年是否会雇工经营？a. 否；b. 是

若否，主要是由于：a. 雇工工资要求太高；b. 难以找到合适的雇工；c. 雇工难以监督。

（四）规模调整预期

1. 在未来 3 年，您是否对种兽规模做以下调整？（a. 一直扩大规模；b. 停止扩大规模；c. 缩减规模或变卖固定资产）

2. 若扩大规模，您期望的养殖场面积为_____亩？

四、生产要素获得情况

（一）资金

1. 您最初养殖时的初始资金来源是（a. 自有资金_____%；b. 农信社贷款_____%；c. 商业银行贷款_____%；d. 村集体垫款_____%；e. 亲朋借款_____%）

2. 您目前养殖的资金来源是（a. 自有资金_____%；b. 农信社贷款_____%；c. 商业银行贷款_____%；d. 村集体垫款_____%；e. 亲朋借款_____%）

3. 除自有资金外，通过其他渠道获得资金都需要付出成本，资金成本主要包括：

a. 利息成本；b. 信息搜寻成本①；c. 签约成本②；d. 人情成本③

请您估算一下不同的资金获得方式需要花费的各项成本 *（单位：元/万元贷款）

---

① 信息搜寻成本是为获得资金拥有者信息而花费的有形成本或无形成本。
② 签约成本是为达成资金借贷协议而花费的有形或无形成本。
③ 人情成本是在获得资金过程中未支付，但在日后需以其他方式偿还的成本。

来源类型	初始养殖				目前			
	利息	信息	签约	人情	利息	信息	签约	人情
农信社贷款								
商业银行贷款								
亲朋借款								
村集体垫款								

4. 您认为农信社贷款所得到的实际授信额度比您期望的授信额度_____。（a. 高；b. 低；c. 相当）

★若从农信社贷款，一般从提出申请到审批通过所需要的时间约为_____天。

为获得您期望的授信额度，您是否曾发生过隐性费用（如送礼，请客等）？（0＝否；1＝是），若是，大约花费金额为_____元/万元贷款

5. 您认为目前农信社贷款存在的主要问题是（可多选）：（a. 贷款程序过于烦琐；b. 贷款审批太严格；c. 贷款利率偏高；d. 信贷人员服务不专业；e. 没什么问题，挺满意；f. 其他（请说明）_____）

（二）劳动力

1. 家庭劳动力情况（请填写下列表格）

问题	说明	初始养殖	目前
家庭劳动力中全职从事特养的人数	除特养外无其他具有收入来源的工作；单位：人		
家庭劳动力中兼职从事特种养殖的人数	除特养外有其他具有收入来源的工作，但对特养的整个流程基本都有劳动投入；单位：人		

问题	说明	初始养殖	目前
兼业职业选择	1. 务农（a. 种植业；b. 养殖业） 2. 务工（a. 企业正式职工；b. 临时工；c. 零工） 3. 自主经营（a. 与特养相关；b. 与特养无关） 4. 在家待业（a. 生病；b. 失业；c. 退休） 5. 其他（请说明）_____		
兼业原因选择	1. 特养业收益尚不稳定，兼业可以获得部分稳定收入 2. 从事特养业之余仍有空闲时间从事其他工作 3. 刚开始养殖，以前的工作还没有完全放弃 4. 兼业有助于获得更多养殖信息		

2. 雇用劳动力情况

问题	说明	初始养殖	目前
长期雇工人数	若无雇工，则填"0"；单位：人		
长工计酬方法	1. 按天计酬 2. 按月计酬 3. 按年计酬		
长工工资水平	单位：元		
短期雇工人数	若无雇工，则填"0"；单位：人		
短工工作范围	1＝忙时饲养；2＝注射疫苗；3＝屠宰取皮；4＝搭场建棚；5＝其他		
短工计酬方法	1. 按天计酬 2. 按月计酬 3. 按年计酬		
短工工作时长	单位：天		
短工工资水平	单位：元		

（若有雇工经营，请回答问题 3 - 5；若无雇工经营，请回答问题 6）

3. 若雇工养殖，则您通常通过何种方式获得雇工信息？（a. 劳务

市场；b. 其他养殖户介绍；c. 其他雇工介绍；d. 其他方式_____
（请说明））

4. 通常情况下，您从开始寻找雇工到找到合适的雇工需要_____天？

5. 您雇工时，是否与其签订合约（口头或书面形式）？_____
（0 = 否；1 = 是）

★若是，合约的内容主要包括（多选）：（a. 工资水平；b. 工作时间；c. 工作内容；d. 工资发放形式；e. 违约责任；f. 其他_____（请说明））

★若否，主要原因是_____（请说明）

6. 若无雇工，主要原因是（可多选）：a. 规模较小，无须雇工；b. 雇工难以监督；c. 雇工工资要求太高；d. 没找到合适的雇工；e. 其他_____（请说明）

（三）饲料

1. 饲料采购对象：a. 批发商采购；b. 冷藏场订购；c. 以上两者都有（比例：批发商_____%，冷藏场_____%）

2. 饲料采购频率：a. 每天采购一次；b. 隔几天采购一次

3. 若冷藏场订购，主要原因是：a. 防止价格波动；b. 防止市场供应短缺；c. 节约拿料时间；d. 量大享受价格优惠；e. 享受附加服务（免费租用冷库）；f. 其他

4. 若从市场批发商采购，则与您交易的饲料供应商关系：a. 基本固定；b. 较固定，过段时间会更换交易对象；c. 基本不固定

★若上题您选择 a 或 b，则您交易前是否与供应商签订书面或口头供货协议？a. 是（原因：享受较低的价格；提供送货服务；缺货时优先供货）；b. 否（原因：更换交易对象受约束；程序太麻烦）

5. 与饲料供应商的结账方式（a. 现金交易；b. 定期结账（一般为_____天）；c. 其他）

★若您采取定期结账的方式，是否支付利息：a. 是（利息为

_____）；b. 否

6. 您目前订购的饲料数量为_____吨

（四）技术

特种动物养殖过程中，a. 科学的饲养管理技术、b. 良种培育技术、c. 毛皮加工技术等都可能成为影响毛皮质量和养殖收益的重要因素，您认为影响毛皮质量和养殖收益的重要程度依次是：_____（请填写序号）

1. 科学喂养：请填写以下不同的养殖期间，您的喂养方式

喂养方式	种兽繁殖期 （1~6 月）	幼兽育成期 （7~8 月）	皮兽成长期 （9~10 月）	种兽体况调整期 （11 月~翌年 1 月）
喂养次数 （次/天）				
动物性饲料比例 （%）				
药品添加剂 （元/只）				

2. 防疫技术

种兽疫苗注射次数_____次，种类_____（多选），皮兽疫苗注射次数_____次，种类：_____（多选）（a. 脑炎；b. 肠炎；c 犬瘟热；d. 加德纳氏；e. 三联疫苗；f. 五联疫苗）

3. 养殖场清理

产仔哺乳箱使用完之后是否及时清理_____（0 = 否；1 = 是）

4. 疫情

在您养殖期间，是否暴发过大规模的疫情？（a. 否；b. 是）

若暴发疫情，您如何控制疫情？（a. 参考书本防疫知识；b. 求助有经验的养殖户；c. 求助防疫机构；d. 其他_____）

若暴发疫情，通常您的最快应急时间为：_____天

5. 良种培育

技术类别	是否采用	采用年份	实施比例（%）		成功率（%）	
			第一年	目前	第一年	目前
人工授精						
褪黑素						
原种改良						

﹡技术提供单位：①自己；②其他养殖户；③合作社；④专业机构。

6. 毛皮加工

毛皮加工过程中，处死方式为：（a. 棒击法；b. 窒息法；c. 电击法）

您是否一直采用这种方法？（a. 否；b. 是）；若选择"否"，您采用年份为_____年，以往采用_____方法。

毛皮加工过程中，您采用了以下哪些机械辅助（多选）：（a. 剥皮机；b. 刮油机；c. 转筒；d. 机械辅助上楦；e. 鼓风干燥；f. 其他_____）

五、风险及合作社

特养业的养殖风险主要是收益的不确定性，包括养殖技术风险[①]和市场风险[②]。

1. 您认为养殖技术风险主要包括：a. 选种失误；b. 日常配料；c. 日常用药；d. 疫苗选择；e. 疾病或疫情控制；f. 授精技术；g. 取皮及处理；h. 毛皮贮存；i. 其他_____（请说明）

2. 您通过何种方式学习养殖技术：a. 与其他养殖户交流；b. 自己通过书本学习（您常看的书主要有：_____）；c. 自己通过网络学

[①] 养殖技术风险是由于选种失误或技术落后而导致的产量和收益的不确定性。
[②] 市场风险是指由于生产要素市场价格波动和毛皮市场价格波动而导致收益的不确定性。

习（您常浏览的网页有：_____）；d. 参加集体培训；e. 其他方式

（请选择培训组织的单位：a. 政府；b. 村集体；c. 合作社；d. 营利机构；e. 防疫站；f. 网络；g. 其他_____）

（请选择培训的内容：a. 配料；b. 日常用药；c. 疫苗选择；d. 疾病控制；e. 授精技术；f. 取皮技术；g. 毛皮贮存）

3. 您认为市场风险主要来源于（多选）：a. 饲料价格波动；b. 资金成本波动；c. 资金来源渠道不稳定；d. 毛皮价格不稳定；e. 毛皮销售渠道不稳定；f. 毛皮市场信息缺乏。

4. 您是否听说过当地有特种动物养殖合作社？（a. 否；b. 是）？（若选"否"，请跳转至问题 8）

5. 您是否参加了合作社（0 = 否，1 = 是）？（若选"否"，请跳转至问题 7）

6. 合作社为您提供的服务有（多选）：a. 饲养环节（提供饲料配方；统一饲料加工；统一订购疫苗）；b. 繁殖环节（提供雄兽原种；提供授精技术）；c. 毛皮销售环节（提供市场信息；统一组织销售；统一收购毛皮）；d. 服务环节（提供贷款担保；提供养殖技术培训；提供疫情防治知识）；e. 其他_____

7. 您还希望合作社提供的服务有（从以上选项中多选）：_____

8. 若有可能，您是否希望出资成立或参加合作组织购买以上服务？（a. 否；b. 是）

★若是，您分别会出资_____元（若您希望得到以上服务，但不希望出资，则在相应的服务后面填写 0 元）

★若否，主要原因是：a. 没必要，自己完全可以达到以上效果；b. 没必要，与其他养殖户合作完全可以达到以上效果；c. 不相信合作组织。

六、生皮销售

1. 请回忆您养殖特种动物以来的毛皮成交价格走势，非常感谢！

年份								
均价								

2. 毛皮销售过程中，您认为影响成交价格的主要因素是_____
（按影响程度排列）

a. 市场行情；b. 谈判能力；c. 毛皮质量；d. 成交时间

3. 毛皮销售选择的交易对象是_____

a. 皮贩（中间商）；b. 毛皮经销商（直接将生皮进行加工或出售给加工厂）；c. 毛皮加工厂

4. 毛皮销售交易发生前，您与毛皮收购方认识？_____

a. 不认识；b. 认识，但不熟悉；c. 认识，且非常熟悉

5. 毛皮销售交易发生前，您是否了解当地市场的价格信息：
（a. 否；b. 是）

6. 毛皮销售交易发生前，您是否了解其他市场的价格信息：
（a. 否；b. 是）

7. 您主要通过何种途径了解价格信息？

a. 其他养殖户；b. 毛皮收购商；c. 中介组织；d. 网络媒体；
e. 毛皮市场

8. 毛皮销售前，您如何确定保留价位（最低成交价格）？

a. 养殖成本；b. 高于养殖成本，且不低于同类养殖户的成交价格；c. 高于养殖成本，且不低于经营其他职业的最低收入；d. 高于养殖成本，且不低于收购商的平均报价（一般参照_____家的报价？）

★2011 年的毛皮销售中，您预期的保留价格为_____元/张；最终成交价格为_____元/张

9. 在与毛皮收购商的谈判中，您一般经历_____轮谈判才达成交易？

10. 您是否清楚毛皮等级的划分规则？

a. 不清楚；b. 知道，但不是十分了解；c. 十分了解

11. 若确定毛皮等级时，您与毛皮收购方的意见发生冲突，通过何种途径解决？

a. 双方协商解决；b. 请中介机构或中间人确定；c. 终止交易关系

12. 若经过几轮谈判后的成交价格仍低于您的保留价格，您倾向于选择：

a. 若可以短期出手，接受较低的价格；（给出您可能接受的降低比例_____%）

b. 静观其变，等待更合适的时机和价格；（您愿意等待的最后期限是到_____月）

c. 先出手一部分缓解经济压力，留一部分等待合适的时机与价格

13. 您选择的毛皮销售方式为：

a. 统价一次性销售；b. 按等级分批销售；c. 不一定，看购方要求

14. 若您所拥有的毛皮并非全部满足毛皮收购方的质量要求，您能够接受的最大甩皮比例为_____%，若无法达成协议，您倾向于选择：

a. 降低均价，尽可能多地减小甩皮比例；b. 提高其他毛皮的均价；c. 终止交易关系

七、成本收益情况

1. 养殖成本（2012 年）

项目	说明	答案
饲料成本	单位：元/只	种兽_____；皮兽_____
日常用药	单位：元/只	种兽_____；皮兽_____
疫苗	单位：元	
褪黑素	单位：元	
人工授精费用	单位：元	
贷款金额	单位：元	

续表

项目	说明	答案
利息支出	单位：元	
工具设备添置	单位：元	
养殖场管理费（租金）	单位：元	
土地费	单位：元	
养殖场维护	单位：元	
冷藏场租用	单位：元	
雇工支出	日常饲养	
	注射疫苗	
	屠宰取皮	
	搭棚建场	
雇工合计		
种兽	单位：只	
皮兽	单位：只	
皮兽养殖天数	单位：天	

2. 养殖收益（2012 年）

项目	说明	答案
产仔率	产仔数/种兽数	
成活率	成活数/产仔数	
毛皮张数	张	
成交均价	单位：元	
下料收入①	单位：元	
人工授精收入	单位：元	
资产处置收入②	单位：元	
其他零星收入	单位：元	

注：①下料收入指毛、油脂、残皮等的收入。
②资产处置收入指变卖废旧笼舍、工具设备等的收入。

八、访谈部分

市场分工演化（请回忆您最初养殖时和目前以下专业市场的建设情况）

市场	环境	初始状态	当前状态	建设年份*
饲料	1. 附近无专业市场，需从较远的市场购进 2. 附近无专业市场，有供应商送货上门 3. 附近有专业市场			
养殖器械（笼舍、机械等）	1. 附近无专业市场，自制或从较远的市场购进 2. 附近无专业市场，有供应商送货上门 3. 附近有专业市场			
医药	1. 附近无专业市场，需从较远的市场购进 2. 附近无专业市场，有供应商送货上门 3. 附近有专业市场			
农信社贷款	1. 不可能通过农信社获得贷款 2. 资金难以获得，为获得资金需走后门 3. 资金较易获得，无须为获得资金走后门			
养殖场	1. 附近无集中养殖场 2. 附近有集中养殖场，但本村没有 3. 本村有集中养殖场			
养殖户数	本村已有的养殖户数			

1. *建设年份：若所列专业市场从无到有，则注明市场大概建设的年份（即到达选项"3"状态的年份）

2. 周边专业市场的兴起和发展，您认为哪几个方面对您最有利？（可多选）

a. 具有集聚效应，方便交易；b. 具有规模优势，增加谈判优势；c. 专业化分工，效率更高；d. 信息、技术等更容易传播

3. 如果政府拟对以下市场的发展提供政策或资金支持，您最倾向于：

a. 饲料市场；b. 养殖器械市场；c. 医药市场；d. 融资市场；e. 毛皮交易市场；f. 其他_____

附录2 附 表

各决策单元综合效率、技术效率及规模效率值

决策单元	综合效率	技术效率	规模效率	规模报酬	决策单元	综合效率	技术效率	规模效率	规模报酬
1	0.55	0.645	0.853	irs	20	0.456	0.827	0.552	irs
2	0.694	0.73	0.951	irs	21	0.874	0.899	0.972	irs
3	0.582	1	0.582	irs	22	0.904	0.967	0.935	drs
4	0.752	0.837	0.899	drs	23	0.785	0.889	0.883	irs
5	0.961	1	0.961	drs	24	0.805	0.839	0.959	irs
6	1	1	1	—	25	0.966	0.974	0.991	drs
7	0.742	0.746	0.996	irs	26	0.812	0.919	0.884	irs
8	0.677	0.719	0.941	drs	27	0.833	0.901	0.924	irs
9	0.512	0.523	0.979	drs	28	0.845	0.87	0.971	drs
10	0.561	0.585	0.959	irs	29	1	1	1	—
11	0.795	0.871	0.912	irs	30	0.836	0.976	0.856	irs
12	0.65	0.723	0.899	irs	31	1	1	1	—
13	1	1	1	—	32	1	1	1	—
14	0.736	0.751	0.98	drs	33	0.888	0.942	0.943	irs
15	0.672	0.855	0.786	irs	34	0.617	0.732	0.843	irs
16	0.645	0.683	0.944	irs	35	0.746	0.829	0.901	irs
17	0.793	0.937	0.846	irs	36	0.703	0.755	0.931	irs
18	0.756	0.793	0.953	irs	37	0.96	0.96	1	—
19	0.808	0.874	0.924	irs	38	0.804	0.826	0.973	irs

决策单元	综合效率	技术效率	规模效率	规模报酬	决策单元	综合效率	技术效率	规模效率	规模报酬
39	0.767	0.815	0.94	irs	66	0.682	0.702	0.971	irs
40	0.497	0.562	0.885	irs	67	0.606	1	0.606	irs
41	0.728	0.747	0.974	irs	68	0.753	0.896	0.84	irs
42	1	1	1	—	69	0.78	1	0.78	irs
43	0.734	0.877	0.837	irs	70	0.703	0.764	0.92	irs
44	0.631	0.763	0.828	irs	71	0.644	0.859	0.749	irs
45	0.554	0.859	0.644	irs	72	0.985	0.995	0.99	irs
46	0.647	0.729	0.887	irs	73	0.688	0.719	0.957	drs
47	0.781	0.87	0.897	irs	74	0.744	0.887	0.839	irs
48	0.847	0.956	0.886	irs	75	0.655	0.975	0.672	irs
49	0.668	0.706	0.946	irs	76	0.782	0.81	0.966	irs
50	0.831	0.853	0.974	drs	77	0.714	0.918	0.777	irs
51	0.705	0.891	0.792	irs	78	0.607	1	0.607	irs
52	0.54	0.843	0.641	irs	79	0.625	0.646	0.967	irs
53	0.748	0.804	0.931	irs	80	0.752	0.855	0.879	irs
54	0.87	0.873	0.997	irs	81	0.615	0.636	0.967	irs
55	0.793	1	0.793	irs	82	0.804	0.851	0.944	irs
56	0.95	0.971	0.978	irs	83	0.632	0.836	0.756	irs
57	0.848	0.914	0.927	irs	84	0.561	0.858	0.654	irs
58	0.7	0.772	0.907	irs	85	0.478	0.786	0.608	irs
59	0.612	0.801	0.764	irs	86	0.533	0.732	0.728	irs
60	0.599	0.763	0.785	irs	87	0.558	0.579	0.963	irs
61	0.55	0.761	0.723	irs	88	0.602	0.808	0.744	irs
62	0.754	0.965	0.781	irs	89	0.79	0.909	0.869	irs
63	1	1	1	—	90	0.59	0.729	0.809	irs
64	0.671	0.833	0.806	irs	91	0.617	0.852	0.724	irs
65	0.692	0.868	0.797	irs	92	0.666	0.817	0.815	irs

决策单元	综合效率	技术效率	规模效率	规模报酬	决策单元	综合效率	技术效率	规模效率	规模报酬
93	0.72	0.913	0.788	irs	120	0.89	0.997	0.893	irs
94	0.66	0.794	0.832	irs	121	0.722	0.835	0.865	irs
95	0.681	0.817	0.833	irs	122	0.728	0.817	0.89	irs
96	0.555	0.783	0.709	irs	123	0.982	1	0.982	irs
97	0.609	0.819	0.744	irs	124	1	1	1	—
98	0.676	0.84	0.805	irs	125	1	1	1	—
99	0.576	0.868	0.664	irs	126	0.83	0.852	0.974	irs
100	0.516	0.704	0.732	irs	127	0.795	0.834	0.953	irs
101	0.576	0.8	0.72	irs	128	0.801	0.826	0.969	irs
102	0.47	0.795	0.591	irs	129	0.94	0.94	1	—
103	0.454	0.779	0.582	irs	130	0.721	0.805	0.895	irs
104	0.667	0.738	0.904	irs	131	0.96	0.991	0.969	irs
105	0.694	1	0.694	irs	132	0.832	1	0.832	irs
106	0.733	0.758	0.966	irs	133	0.933	1	0.933	drs
107	0.722	1	0.722	irs	134	0.639	0.772	0.828	irs
108	0.604	0.785	0.77	irs	135	0.541	0.675	0.801	irs
109	0.973	1	0.973	irs	136	0.704	0.751	0.938	irs
110	0.789	0.806	0.98	irs	137	0.687	0.738	0.931	irs
111	0.919	0.94	0.978	irs	138	0.665	0.895	0.744	irs
112	0.793	0.808	0.98	irs	139	0.71	0.802	0.885	irs
113	0.688	0.759	0.906	irs	140	0.651	0.874	0.745	irs
114	0.961	0.964	0.996	irs	141	0.889	0.93	0.956	irs
115	0.809	0.907	0.893	irs	142	0.817	0.945	0.864	irs
116	0.896	0.905	0.99	irs	143	0.422	0.662	0.638	irs
117	0.609	0.815	0.748	irs	144	0.722	0.731	0.988	irs
118	0.919	0.956	0.961	irs	145	0.735	0.98	0.75	irs
119	0.454	0.745	0.609	irs	146	0.555	0.87	0.638	irs

决策单元	综合效率	技术效率	规模效率	规模报酬	决策单元	综合效率	技术效率	规模效率	规模报酬
147	0.655	0.98	0.668	irs	151	0.539	0.967	0.557	irs
148	0.68	0.736	0.923	irs	152	0.659	0.766	0.861	irs
149	0.516	1	0.516	irs	153	0.613	0.788	0.778	irs
150	0.69	1	0.69	irs					

注：irs 代表规模报酬递增阶段，drs 代表规模报酬递减阶段。

后　　记

本书是教育部人文社科青年基金项目："农业经营主体演化与创新机制研究：分工深化、服务外包与要素再配置［课题编号：17YJC790137］"的研究成果。从课题选题、框架优化到流程设计，课题实施过程中的每一次调研、分析、讨论，以及结题材料的整理与完善，无不倾注了课题组成员的大量心血，在此表示由衷的感谢！

本书的出版得到了教育部青年基金课题经费、湖州师范学院经济管理学院学科发展基金的联合资助。

本书的完成离不开大量数据的支撑，感谢在数据收集过程中给予全力配合的养殖户们，你们坦诚的反馈让我能够从客观、专业的视角做出正确的判断！

感谢在工作、学习、生活各个方面给予我诸多帮助的各位领导、老师、同事、同窗，尤其向在本书完成过程中提出宝贵意见的吴国松副教授致以诚挚的谢意！

感谢经济科学出版社李雪编辑为本书的出版所给予的大量无私付出！

在本书付梓之际，要特别感谢我的母亲褚桂霞——一位有着10余年特种动物养殖经验的老养殖户为我提供的大量信息，正是因为有了母亲提供的信息，才使我的调研工作顺利进展；还要感谢我的先生李先春和女儿李可昕对我在本书写作过程中给予的理解、关心和照顾！你们是我最坚实的后盾！

鉴于本人理论水平有限，加之研究资料的局限，书中难免存在不足之处，敬请读者批评指正。

谭亭亭

2022 年 6 月 23 日于湖州家中